JAPAN BLUE
藍染ガイドブック

本格藍液が簡易に作れる「紺屋藍」で染める

辻岡ピギー・六角久子：ピポン + SEIWA

p26　空気中での酸化　水分を取り、シャツを外した後の新聞紙です

目次

1章　藍染の基礎　06

藍液の作り方と基本の染め方

本書の藍染は全てこの染め方です。
この章を参照して染めてください。
他の各章では、柄に関わる技法のみを紹介しています。

2章　浸し染め・段染め　34

淡い色の作り方、段染めの手順

最もシンプルですが、難しい染め方です。

3章

縫い絞り　44

糸で縫い、
絞ることで防染

4章

板締め絞り　66

板で挟んで防染

5章

その他の技法　84

巻く・編む etc

6章　いろいろなものを染める　108

木綿麻以外の素材・色柄もの・立体物

多素材を染めた見本です。
藍の染め方や柄の技法については、
他章で解説しているので参照してください。

7章 抜染 142
クロルライトを使用

8章 防染 160
メルトロンを用いたろうけつ染め

1章

藍染の基礎

藍液の作り方と基本の染め方

藍染の染液は、
黄緑色

この色が、「生きている」藍液の色です。
液に浸した黄緑の布は、水や空気にあたると、
まるで手品のように、
みるみる、青くなっていきます。
濃い藍色が、洗っても落とせないほど、
しっかりと布に染まります。

撮影環境や印刷により、実際の色とは多少異なります

藍染は…伝統工芸であり、化学です

藍の驚き・・・

化学を知らない昔の人々は、
藍は、生きていると云って、
その色の変化の不思議に驚嘆し、

日本では、
染めれば染めるほど、色が深く堅牢に、
作業着としても、虫や蛇が嫌う布に仕上がる、
命を守る藍染を大切に受け継いできました。

藍の原料は、植物の葉

藍染は、人類最古の染色と言われています。
藍は、植物染料のなかでも最もしっかりとした
濃い青色に染まります。

世界各地で、行われてきた染色方法であり、
藍は、多種多様な植物から作られ、染められてきました。
植物の種類は 100 を越えるとも言われています。

インドアイ（マメ科）
インドは、最も古くから
藍染が行われていた

藍になる植物

世界にはたくさんの藍になる植物があります。
タデ科・マメ科・アブラナ科 etc
これらの植物は全て、
藍染の元となるインディガンと
いう物質を
葉に含んでいます。

ウォード（アブラナ科）
ヨーロッパで使われていた
藍染の原料の植物

タデアイ（タデ科）
日本の伝統的な藍染に
用いられる

タイセイ（アブラナ科）
ヨーロッパや中国、北海道で
使われていた藍染の原料の植物

琉球アイ（キツネノマゴ科）
東南アジアや沖縄で
栽培されている藍

染料としての藍

藍の性質

タデアイ

葉を絞ると透明な
水溶性の汁＝**インディガン**
を含んだ液が出ます。

インディガンは日光や空気に触れると
水に溶けない＝**インディゴ**
に変化します。

染料を作る（藍の原料となる植物によって違います。日本のタデアイの場合です）

スクモ

藍の葉を収穫し乾燥させる。
葉に含まれる水溶性で透明な**インディガン**は、
濃い青色の**インディゴ**に変化
乾燥葉に水をかけ、かき混ぜ約 100 日発酵させる。
生の葉で染めるより、染まりやすく
濃い藍色で堅牢に染まる
染料の素（スクモ）になる。
スクモをまとめたのが藍玉

藍玉

藍を建てる

藍の花
藍液の表面が
空気に
触れて藍色に

インディゴは水に溶けないので、
このままでは染物はできない。
スクモに灰汁（アルカリ性）を加え
酒他を入れ、発酵させる。
インディゴ が、透明な
水溶性のインディゴ（還元型インディゴ）
に変化

布を染める

藍液に布を浸すと、藍液が布にしみて
黄緑色に

布を藍液から引き上げると
空気や水に触れることで酸化して
不溶性の**インディゴ**に戻る
布は青色に変わる

本書の藍は「紺屋藍」です

本格藍液が簡易に作れる粉末の染料です。

プロの方にも愛用者の多い藍染染料です。
紺屋藍で染めた作品は、もちろん藍染作品です。

一回の染色で濃く染まります。
熟練技術を要する藍染を、初心者にも失敗なく染色できるよう、
極めて少ない工程、少ない助剤で構成しています。

紺屋藍は、環境に優しい染料です。
紺屋藍、助剤に含まれているものは、全て環境に優しいものです。
下水に流しても全く問題ありません。
但し、河川や農業用水等に流すのは危険はありませんが、
水が藍色になりますので止めてください。

藍染には、虫よけ、消臭、殺菌、皮膚病の抑制、精神の沈静作用など、
様々な効能があるとされ、紺屋藍で染めたものは藍染として、
これらの優れた効能を持ちます。

紺屋藍は、
藍染を手軽に親しんでいただくために、
工芸用染料メーカー「SEIWA」の技術部で半世紀に渡り、染料や助剤、
薬品についての研究、開発をしてきました。
紺屋藍が美しい藍色に濃く染まるのは、これまでの技術力から、科学的に
繊維と藍の最も適した結合についての研究と試験を繰り返した結果です。
染色の美しさ、楽しさを一人でも多くの方に体験して
いただくために生まれた画期的な藍染染料、それが「紺屋藍」です。

紺屋藍パッケージ

本書では、紺屋藍パッケージを用います。
染料や助剤は小袋包装なので、計量せずに
藍液を建てることができます。

紺屋藍と溶解剤は、アルミのパックに入っています。
パックを開封したら紺屋藍、藍溶解剤は直ぐにご使用
ください。開封して時間が経つと使用できなくなります。

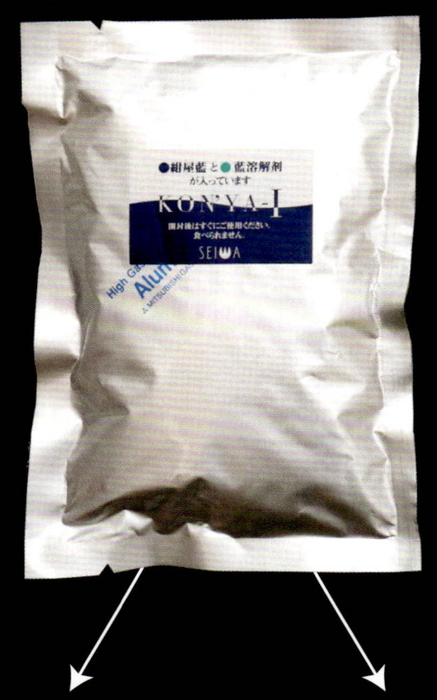

パッケージ内容：紺屋藍 15g ／ 藍溶解剤 125g
藍色止め剤 20g ／ ゴム手袋／説明書
染められる布の量：ハンカチ 10 枚、T シャツ 5 枚程度

紺屋藍

藍の粉末

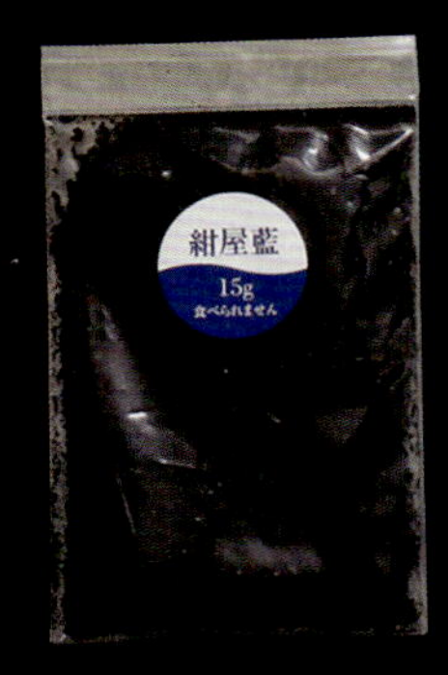

藍溶解剤

藍染に不可欠なアルカリ分を
藍液に加えるための特別な溶解剤

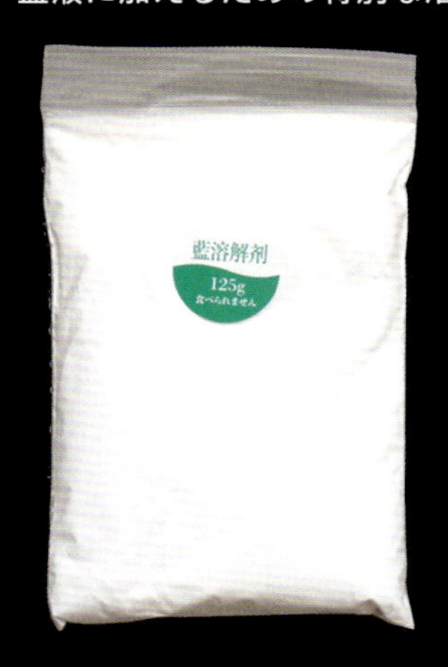

藍色止め剤

染料をより強く定着
させたい時に使用

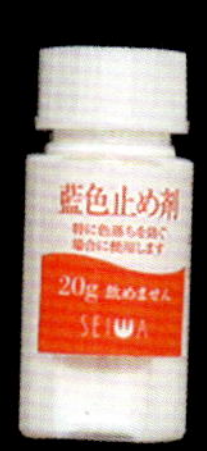

適した素材

●染められる素材は、基本的には　綿、麻、レーヨンです。防水等の加工したものは染まりません。

●ポリエステルなどの化学繊維は染まりません。化学繊維との混紡品は、天然素材の繊維しか染まらないので、仕上がりが濃くはなりません。

●一般に販売されている衣料品は、綿 100% の表示でも、縫い糸がポリエステルのものが多いので、縫い糸だけが染まらない場合があります。

●ウール、シルクも藍で染めることができます。ただし、染色工程で藍液、水、湯を通すことで繊維がダメージを受ける場合があります。藍液のアルカリには強くないので、染色後に酢で中和させます。

染め上がりについて

●染めた生地は元の色に戻す事はできません。洋服等の 1 点ものの染めは、特に充分に注意して作業を行って下さい。

●生地の素材、厚み、ダメージ具合、地色によって染まり方が違います。必ず染める生地と同様のもので試し染めをしてください。

●藍液、水、湯に浸すことで布が縮むことがありますのでご注意ください。裏生地が付いているものは、縮み方が違うことがあります。

染色前　　染色後

布の下準備

●布は、汚れや糊、柔軟剤が付いていると
染まりにくく、色ムラの原因にも
なるので、しっかり落としておきます。

●一度洗濯をしてから熱めのお湯で洗うか、
台所用の中性洗剤で洗うことをお勧めします。
ムラを防ぎ、濃く染められます。
柔軟剤、漂白剤等を含んだ洗剤は
使用しないでください。

●織りネームや洗濯ネームがあることで、
布が重なって染めにくい場合があります。
切り取っておく方が安心です。

●Y シャツのように前立てやカフスのあるものは、
ボタンをとめない方が染めやすいです。

藍染作品の洗濯

洗濯機で他の衣類と洗う場合、徐々に洗濯水に藍が
剥がれ出てしまうので、完全に色止めして他の衣類を
絶対に汚さないようにするのは、難しいです。
イメージとしてはインディゴのジーンズと同様に
色落ちしていきます。色止め剤は、藍が落ちない状態
ではなく、藍を落ちにくくするものです。

●洗濯は、単独での手洗いとすすぎを行い、
他の洗濯もの（特に淡色のもの）と一緒に
洗わないでください。日陰で干してください。
色移りするので、濡れた状態で他の洗濯ものと
重ねないようにしてください。

● 藍染したものは、汗や洗濯で色落ちする場合が
あります。

● 藍染作品の保管は、直射日光に当たらない
ようにしてください。

用具

洗面器かポリバケツ

7～8ℓの入るもの
藍液用と水用の２コ

大きめの計量カップ

水の量を計ります。
ペットボトル等の容器で代用しても

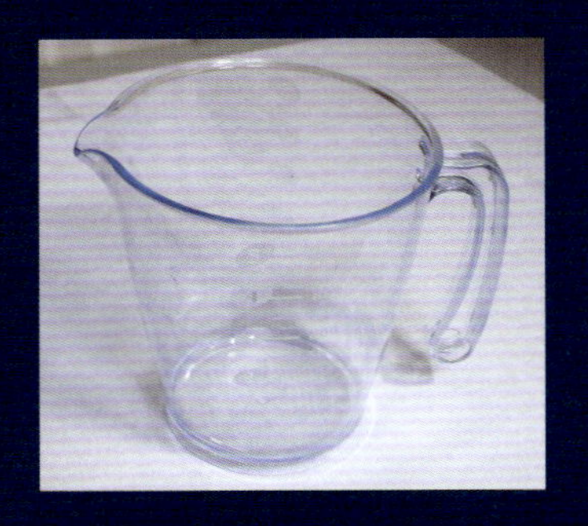

ゴム手袋

藍液は皮膚につくと落ちません。
染料や薬品で手荒れする場合も
あります。手に直接触れないよう、
藍液や薬品を扱う際にはめましょう。
ゴム手袋は長いツメや鋭利なもので
破損する場合があります。水がしみ
込まないことを確認してください。
熱い湯では使えないものもあるので
手袋の表記を読んで使ってください

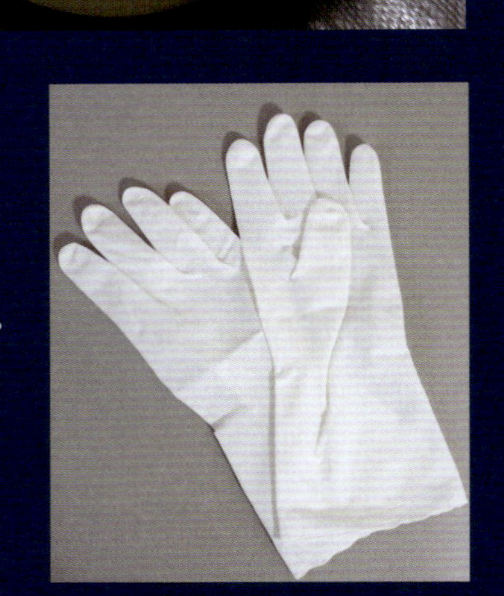

菜箸や割り箸

藍液を溶くのに使います。
湯洗いの湯は手を入れることがで来ないので
菜箸を使います。
料理等に流用せず、藍染専用にしてください

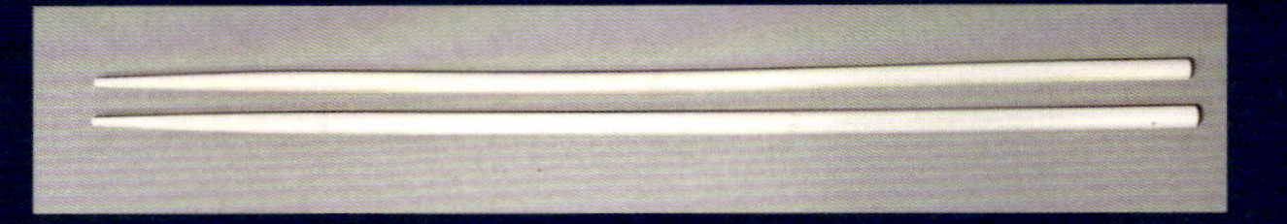

あると便利なもの

少量が計れる計り

染料や布の重さを計ります

タイマー

染色時間を計ります

消せるペン

水で落とせるペン。
図案を布に筆記するのに使います

青花ペン

チャコペン

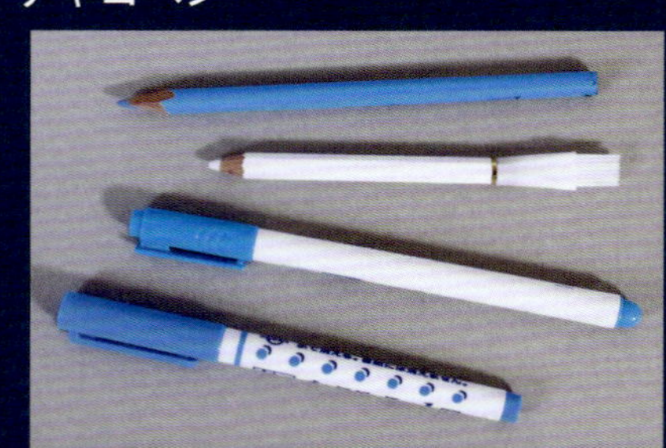

作業スペース

● 水、湯沸かし器の湯が使える場所で作業をします。
● 藍液は家具、床などに付くと落ちません。
特に自然素材には染まりやすいので、染める場所に注意してください。
染料が飛び散る恐れのある所はビニールクロス等で覆っておきます。
● 台所のシンクなどで洗いましょう。
風呂場や洗面台は、目地やタイルの傷等に染料がしみると
落としにくいので避けましょう。
● エプロンなどを着用し、染まっても問題のない服装で作業してください。
● 新聞紙に広げて発色させる場合は、広げられるスペースが必要です。
汚れても大丈夫なように、ビニールクロス等を敷いておきましょう。
● 雑巾や新聞紙を多めに用意しておくと便利です。

注意　薬品や用具は、以下をよく読んで使用してください。

● 充分に換気を行ってください。
● 皮膚に付いた場合は直ぐに石鹸で洗ってください。
● 目に入った場合は直ぐに洗って、
医師に相談するなどの措置をしてください。
● 藍液や薬品を誤って飲んだ場合は、大量の水を飲んで吐き、
医師に相談するなどの措置をしてください。

● 紺屋藍や粉末の薬品は、風などで飛散しないようにご注意ください。
● 熱い湯やロウを使用する工程があります。
やけどをしないようにご注意ください。
● 使用済の藍液は下水に流してください。
● 藍溶解剤を開封した時および藍液は硫黄のような匂いがします。
毒性はありませんが、換気を良くしてご使用ください。

● 染色に使用した用具（菜箸、計量スプーン等）は、
別の用途、薬品での使用はできません。
● 保管は幼児の手の届かない、
直射日光の当たらない涼しい場所で保管してください。
● 紺屋藍や薬品は、使用方法に無いものと混ぜないでください。
本書に掲載している薬品同士でも、
使用方法に無いものは混ぜないでください。
染色以外の用途には使用しないでください。
● 本書で使用の薬品や用具は、それぞれに添付の説明書も
読んでから使用してください。

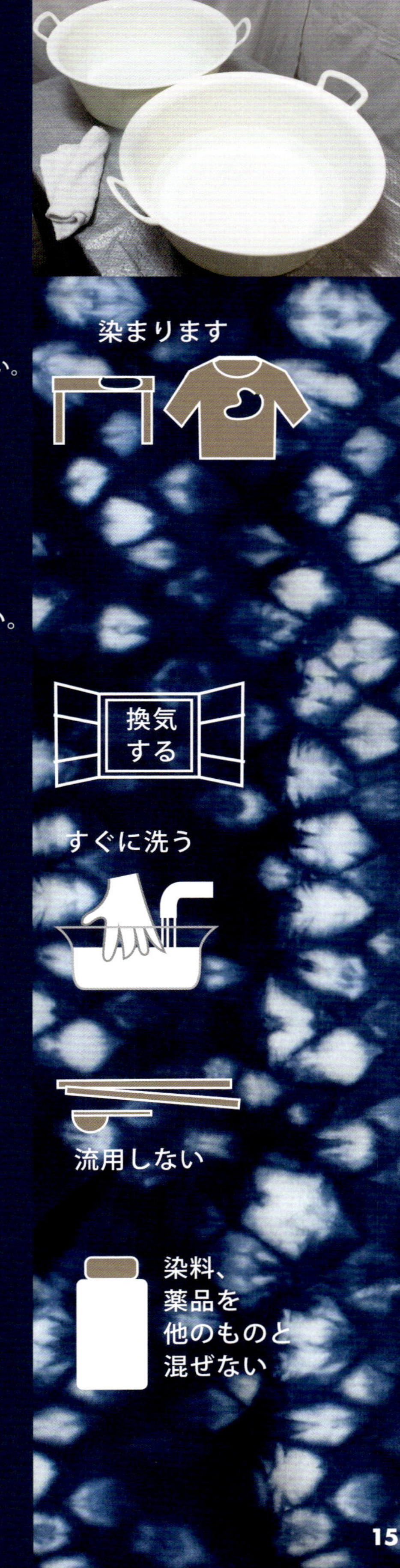

藍染めの基本工程

★換気に気をつけ、手袋をはめて作業します。

1 藍を建てる　p18

紺屋藍の粉を水に溶かします。
紺屋藍を加えた水は、濃い青色になります。
紺屋藍では、藍溶解剤（アルカリ性の粉末）で
藍甕の中で進む化学反応を、簡易的に行います。
粉末が飛散しないよう気をつけながら作業して
ください。

藍液は、藍溶解剤を加えることで、
淡い黄緑色の液になります。
伝統的な藍染の技法で「藍を建てる」
という作業です。
バケツの表面には濃青色の光沢のある
皮膜ができ、泡が立ちます。
皮膜の下の液は、鮮やかな黄緑色です。

2 藍液に浸す　p20

布はまず、水にしっかり浸します。
これは、染料を布に均一に浸透させるために
大切な工程です。

軽く絞った布を藍液に静かに浸します。
液に沈め、布を静かに泳がせながら揉み、
布の重なった箇所を広げ、
全体に藍液が浸み込むようにします。

布が藍液から出て空気に触れないように
静かに手で揉みながら３分間浸け込みます。
３分は、ムラなく染めるための基本です。

水中で発色　p22

黄緑色の藍液は、水や空気に触れることで
酸化し、藍色に発色します。手早く、均一に
酸化を進めないと色ムラが出てしまいます。
発色後、流水でよく洗います。

水中で発色

空気中よりも穏やかに酸化していくので、
襟や袖、前立てがあるような服には適しています。
空気中で酸化させるより藍色がやや薄く仕上がります。
本書では、主にこの方法を用いています。

空気中で発色　p26

ハンカチやＴシャツのように平らなものは、
新聞紙に広げて余分な藍液を取り、
空気中で発色させることができます。
水中で発色させるより濃い藍色に染まります。

湯洗い　p24

湯沸し器の湯　約 70 度で洗い
布に付着した余分な藍液をしっかり
落とします。
熱いので、菜箸等で撹拌してください。
その後、湯に 3 分間以上浸け込みます。

藍を落ちにくくするためには、
藍色止め剤を使います。

1 藍を建てる 紺屋藍1パッケージで藍液を作る

1

7～8 ℓの水が入るバケツ等の容器に、
水約5 ℓを入れる。
水洗いのために、同じ大きさのバケツに
同量の水を入れておく

2

ゴム手袋をして、
紺屋藍の全量を
藍を飛散させない
ように
気をつけながら
静かに入れる

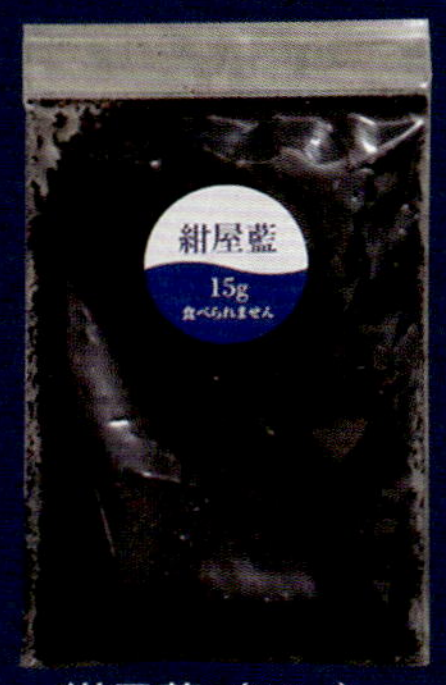

紺屋藍（15g）

3

菜箸でかき混ぜ、よく溶かす

藍を溶いた水は、
濃い青色の液になる

4

藍溶解剤の全量を加え、
菜箸で静かにかき混ぜ、
よく溶かす。
空気を入れない
（酸化させない）
ことが大事なので、
バシャバシャと
かき回さない

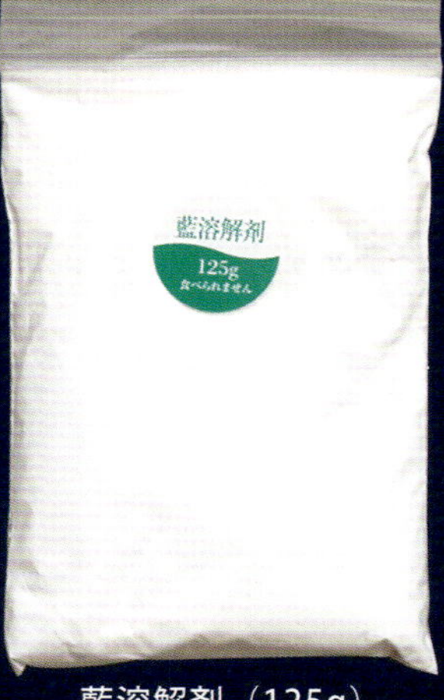

藍溶解剤（125g）

5

静かに20〜30分程おく。
藍を建てるのに最適な温度は、17〜21度。
水温が低い時や冬場は長めにおく。
藍や溶解剤が溶けているのを確認する。
（水温が低い時は、藍や溶解剤が
ザラザラとして溶けにくいので長めに放置し、
粒が小さくなってるか確認する）

6

液の表面に、やや光沢をおびて泡立った
濃い青色の膜ができる。
上からは青色に見えるが、表面の膜を避けるように
動かすと、内側の液は黄緑色（藍液がアルカリ性）。
この状態を「藍が建つ」と言う。
藍液が黄緑色の状態の時に、布が藍色に染まる

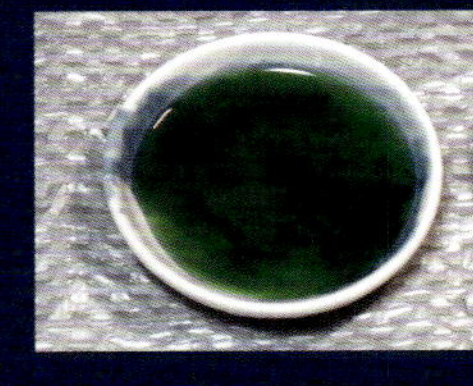

表面の膜の内側の液は
黄緑色。
藍が建っている状態

藍液を長持ちさせるには

藍液は、状態さえよければ何度も染めることができる。
ただし、空気に触れて酸化すると濃い青色に変わり、布に染まらなくなる。
極力空気に触れて酸化しないようにフタをする。
陽の当たるところ、暑い場所は避ける。
染める際にも空気を含んで酸化しないように、バシャバシャとせずに、
藍液の中に沈めて静かに染めるのが、藍液を長持ちさせるコツ。
p32参照

2 藍液に浸す　メンズTシャツ（重さ約150g）を染めています

1 布は、水を含ませておく。
繊維がしっかり水を含んでいると、
染めムラが起こりにくい

2 布が重ならないように広げる。
Tシャツの場合は、袖や身頃の布同士が
付かないように袖と裾を広げる。
★染色中は必ずゴム手袋をする。
ボタンは、かけずに染める

藍液の入ったバケツとは別に、
水洗い用に、約5ℓの水を
入れたバケツを用意する

3 藍液の中に、静かに沈める。
布が黄緑色になる。藍が建っている状態
（藍液がアルカリ性）

そっと揺するようにして、布の隅々に藍液を
均一になるように気配りしながら、
浸透させていく

4 布が重なったままの箇所や、
布の一部が藍液の表面から出て、
空気に触れるとムラになる。
布を広げ、藍液中で泳がせるように動かす。
染めの途中で バシャバシャと かき混ぜると、
藍液に空気が入って酸化が早く進み、
染まりが悪くなるので、液の中だけで静かに
揉むように染める

藍液が布の奥に染み込むように
3 分程絶えず布を揉み、
充分に藍を布の中に行き渡らせる

布の量や素材とは関係なく、
どの布の場合も 3 分間浸す。
3 分間が紺屋藍の藍液に浸すベストな時間。
これ以上長く浸しても、濃くはならない

藍液に必ず3分間浸す

藍の粒子は大きいので、べたべたと繊維に素早くくっ付いて染まりますが、3 分も経つと、繊維の表面が藍の染料に覆われてしまい、それ以上時間をかけても、藍は浸透できず染まらなくなります。またこれより短い時間では、しっかりと濃く染まりません。
★紺屋藍の色の濃淡は、藍液に浸す時間ではなく、藍液の調合を変えることで行います。
淡い色に染めたい場合は、p38 参照

5 3 分経ったら、藍液から取り出して軽く絞る。
強く絞ると表面部分の酸化が早まり、
ムラの原因になる

6 すぐに、隣に置いたバケツの水に浸す

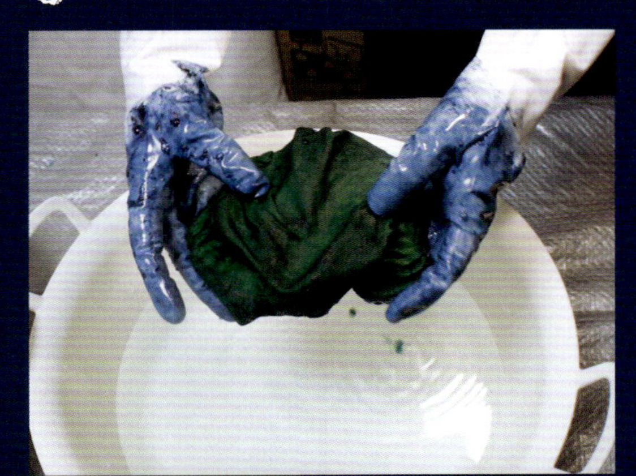

水中で発色　酸化することで発色させる

1　染めた布を軽く絞り、すぐに、水を入れたバケツに入れる。布を揺すりながら、大まかに洗う

余った藍液が出て水が青くなる。布はまだやや黄味を帯びている

2　水道水を流しながら、水中で布を揺すって泳がせるようにし、水の中で少しずつ酸化し、発色するのを待つ

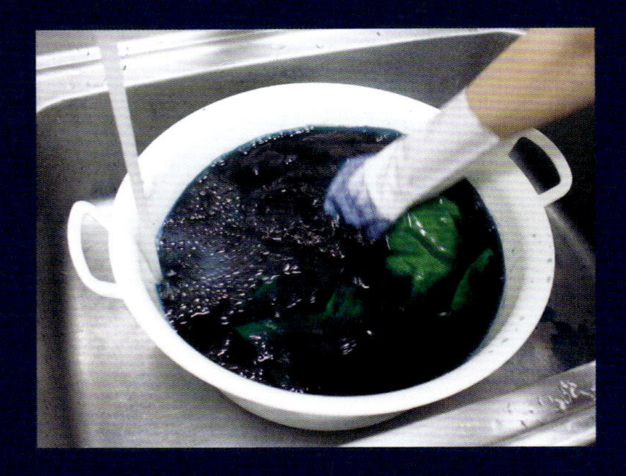

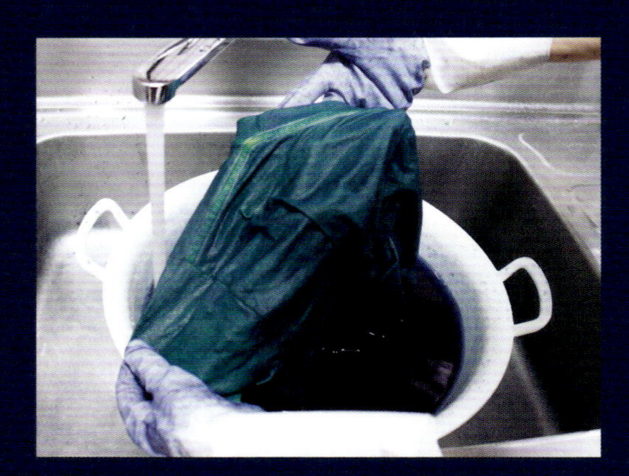

★白地を残した染色では、発色して不溶性になった藍の粒子が付着して汚れないように、流水（できるだけ沢山の水）で手早く洗うことが大切。手袋やバケツの縁に付いている藍でも、布を汚すことがあるので気をつける

3 水を流しながらシャツを泳がす

4 布が藍色になり、洗い水が無色になったら水から上げる

4 湯洗い

1 湯沸し器の湯　約 70 度に
布を広げて入れ色が出なくなるまでよく洗う。
布は菜箸等で撹拌する。ゴム手袋は、
熱湯に耐えられるもの以外は使用しない。
その後、約 3 分間以上湯に浸しておく

布に含まれたアルカリ分を洗い落とすために
とても重要な工程。洗い方が不十分だと
藍の色がさめたり薄くなる原因になる

2 流水をかけ、布が冷めたら絞って干す

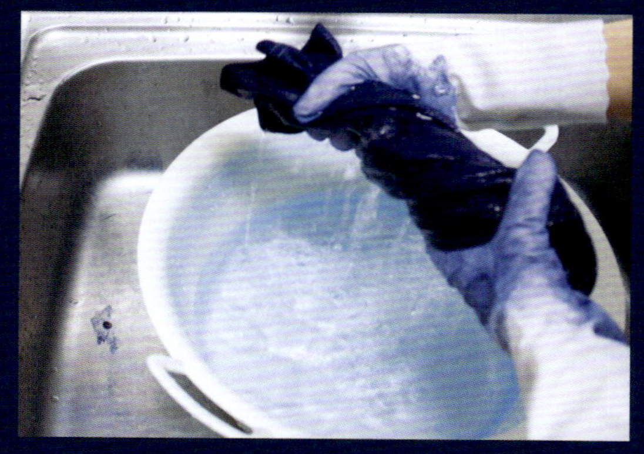

色止め

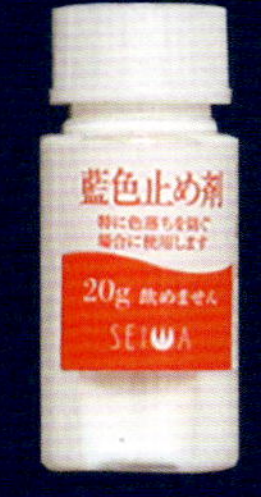

藍色止め剤

藍を落ちにくくするのに
使います。p13 参照

色止めの仕方

染めた布が充分に浸る程度の
水に色止め剤を溶いてよく混ぜる。
3 ℓ の水に色止め剤を 20 ㎖が目安。
（紺屋藍パッケージの場合は、
水 3 ℓ に藍色止め剤を 1 ビン）

染めた布を液に入れて 3 分浸してから
絞って広げ、干す

溶いた色止め剤液は、
液が汚れるまで使えるが、
保管せずになるべくその日に使う

★色止め剤を使用した布は、ムラが出やすいので、
再度染色することはしない

染め上がり

試し染め

藍染では、染色途中に染め上がりの
色を確認できないので、
染め上がりの色を知りたい場合は、
ハギレを藍液に浸して試し染めします。
染めたい服等と同じような素材の
ハギレを使ってください。

基本の藍染の工程と同様に、
藍液に３分間浸し、
水洗い、湯洗いをする

濡れた状態では色が濃く感じても、
乾くとやや薄い色に仕上がるので、
色は、乾かしてから確認する

1 基本の染め方で藍液に３分間染色した後、水に浸し、軽く水気をきる

2 素早く、新聞紙の上に広げる

3 上から新聞紙を被せてトントンと叩くようにして水分を取る

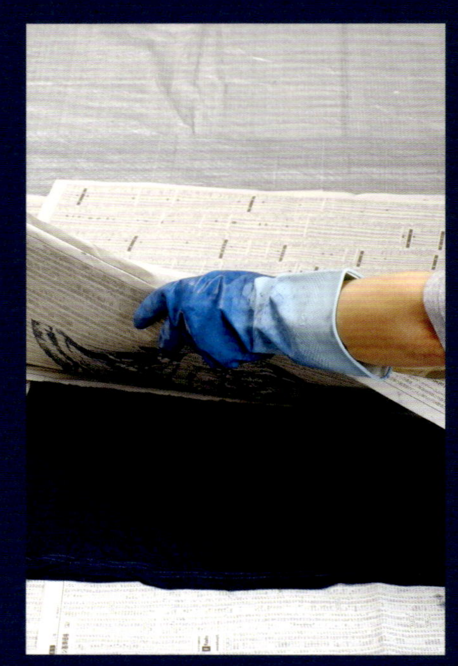

4 新聞紙で水分を取る

5 Tシャツの裏側や内側に
風を通して空気を
満遍なく当て藍を酸化させる。
しっかり藍色に発色したら、
水洗い、湯洗いをする。p22～24 参照

まだらやムラの原因は？

藍は化学染料と比べ粒子が大きいので、均一に繊維に浸透させるのは意外に難しいことです。
特に紺屋藍の場合、１度の染色で濃い藍色に染まるとても使いやすい藍なので、
注意しないとムラが出た場合、目立ちやすいです。
ただし考え方を変えると、せっかく人が手で染めるのですから、
ムラの貴重な味わいの美しさを評価して楽しんでいただきたいです。

まだらに染まる原因と対処法

藍液が均等に布に浸透していない場合、酸化が均等にされていない場合が考えられます。

藍液の浸透が悪い

- 素材に化学繊維が含まれている。
防水等の加工がされている。
油などの汚れのせいで、藍液が浸透していない。
布の一部分（古着の場合脇の下等）の
繊維にダメージがある場合は、
他の場所より濃く染まることがある

- 藍液に浸す前に、
布に充分に水を含ませていない場合ムラになる

- 藍液に浸すときに、布を畳んで入れると、
内側が染まりにくいことがある。
染色中動かし方(染め方)が悪く、
布同士がくっついていた場合、
藍液に３分間浸していない場合、
藍液が布に浸透しきっていないためムラになる

- 藍液に３分間浸す際、
途中で布の一部が液から
はみ出していると
空気に触れるせいで
先に酸化してムラになる

- 糸絞りで布が重なっている箇所は、
ややムラに仕上がる。
重なりを広げながら藍液に浸しておく

- 板締め絞りで、何枚もの布を
いっぺんに畳んでいる場合
内側の布は、染まりが悪い。
重なりを広げながら藍液に浸しておく

藍液から取り出してから、均一に酸化しない場合

- 藍液から取り出す際に
きつく絞ってしまい、
表面が先に酸化することで濃くなる

- 空気酸化の場合は、
取り出してすぐに重ならないように
広げ、
新聞紙に広げた状態で水気をとる。
重ならないよう気をつけて空気に晒す事で
まだらを防ぐ

- 大きい染色物ほどまだらになりやすい。
藍液を多くし、染色後の水通しも
大きな容器で重ならないよう注意して、
行うことも大切

- 染色後の洗いで白く残したい箇所が
青っぽくなることがある。
白地が染まったというよりも、
藍の粒子(顔料化した)が染み込んだ
場合が多い
防ぐには流水(できるだけ沢山の水)で
手早く洗うこと

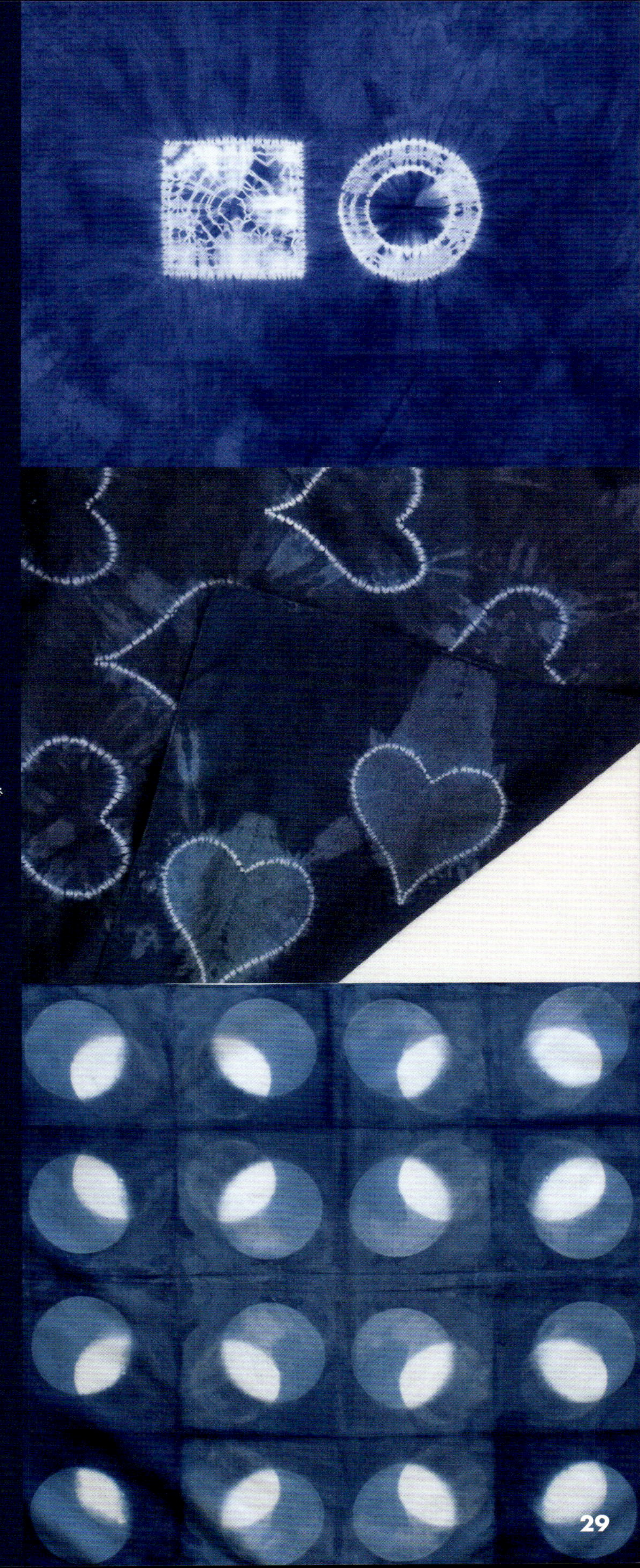

大きなものを染める

ムラなく染めるのは、布が大きいほど
難しいです。
藍液も多量に必要です。
慣れてからチャレンジして
ください。
面白いです。

染める布と藍液量の目安

紺屋藍１パッケージで
５ℓの藍染の藍液が作れます。
メンズのＴシャツ１枚には、
多いと思われるかもしれませんが、
藍液の中で泳がせ、
ムラなく染めるには最適の量です。

この量で順に、Ｔシャツ５枚を染められます。
藍液は、保存、復活が可能です。
また、紺屋藍パッケージは、アルミ袋を開けると
粉末のままでは保存が難しいのです。
その意味でも、パッケージ使用時は全量を使ってください。

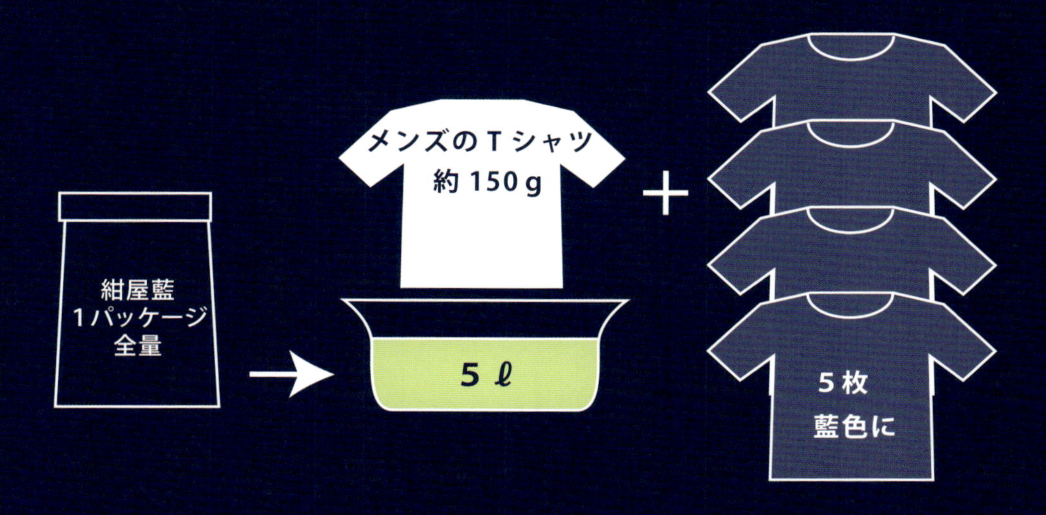

大きなものを染める時は

1 染めるものが浸る容器
（収納用のプラスチックケースなど）を用意。
布を浸して、水の量を計る

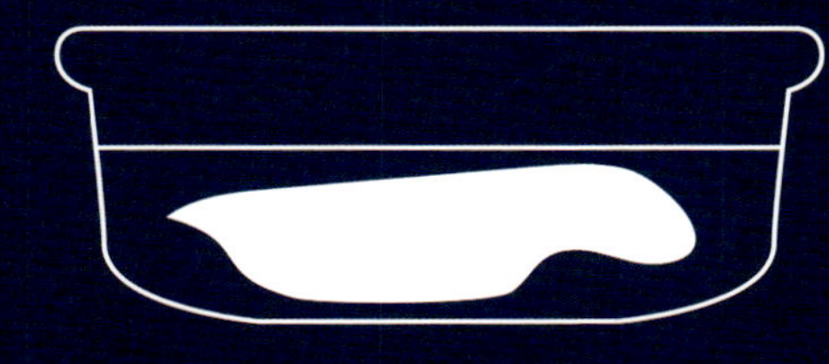

水の量は、
上記の
Ｔシャツ同様
布が泳ぐ程度に
多めに

2 １で測った水の量分の藍液を建てる

多量の藍液を作りたい場合
別売りの、紺屋藍（粉）と
藍溶解剤を使うと便利です。

★ 藍溶解剤と藍還元剤は
使用目的が違います
藍を建てる場合は、
必ず溶解剤を使ってください。

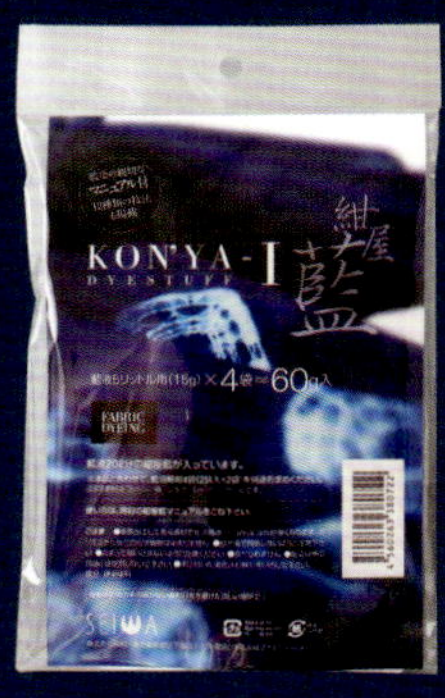

紺屋藍（粉） 60g
藍液５ℓ用 × ４袋

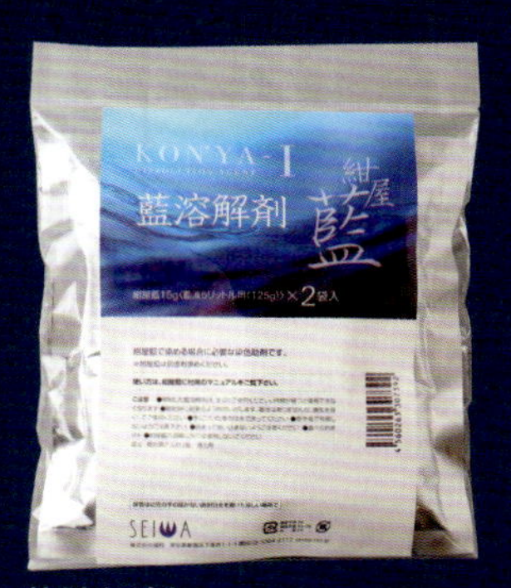

藍溶解剤
藍液５ℓ用（125g）×２袋

★大きな布は、藍液で濡れた状態や水洗い等、作業が大変です。
下準備をしっかりし、水洗い等の容器も準備しておきましょう。

染まりにくくなったら

紺屋藍１パッケージを１つのバケツに建て、順に１枚ずつ染めた場合、Tシャツ５枚が濃い藍色に染められますが、枚数を重ねると藍色が薄くなっていきます。原因は、藍液の酸化と藍の濃度の減少です。

紺屋藍１パッケージで５ℓの藍液を作り、綿 100% の T シャツを藍液に各３分間入れて順に染めたものです。

藍液の酸化

藍液はたくさんの布を染めたり、数日放置しておくと酸化が進み、染まりにくくなります。
酸化すると液の色が青色になっていきます。
水に藍を溶いて、溶解剤を入れる前に近い状態です。

染められる状態の藍液

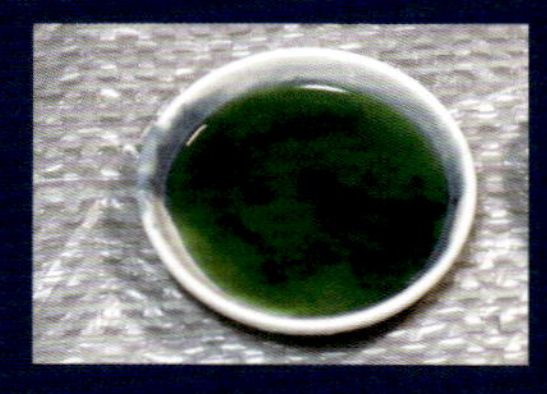

酸化し、染められない

藍液の復活

藍液が青色になっても、「藍還元剤」を入れれば復活します。
約5ℓの藍液に対して、別売りの藍還元剤を１袋入れてかき混ぜます。
約30分以上待ち、液が黄緑色になれば、
藍が復活して染められる状態です。

★ 藍溶解剤と藍還元剤は使用目的が違います
　藍を復活させる場合は、
　必ず還元剤を使ってください。

★ ハギレで試し染めしてください。p25参照

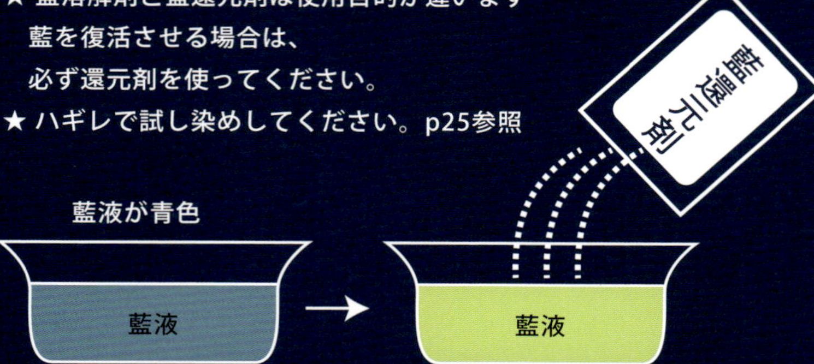

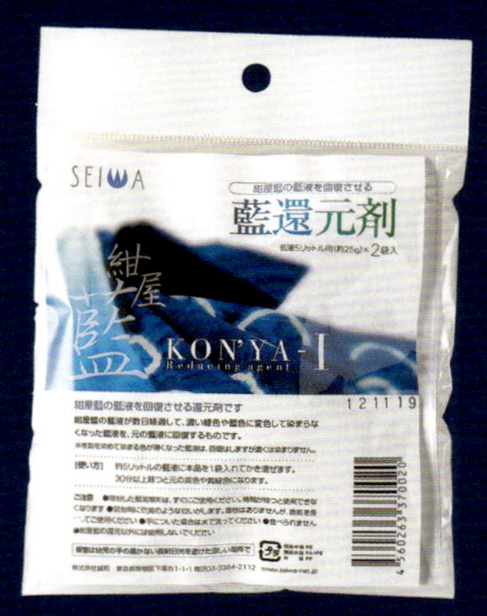

藍還元剤
藍液５ℓ用（約 25g）×２袋

No.4

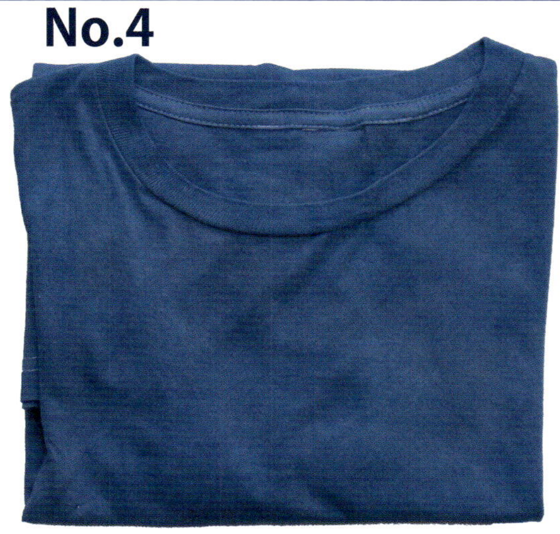

撮影環境や印刷により、実際の色とは多少異なります

藍の濃度が減少したら

複数枚染めることで、藍液中の藍の濃度が、
減少していくと発色が薄くなります。
その場合は、紺屋藍の粉末を徐々に足していき
静かに混ぜます。

★作品を染める２～３時間前にすることをお勧めします。
★紺屋藍を足した藍液の色が青色（酸化している状態）
の場合は、藍還元剤を入れて藍液を復活させます。
p32参照
★ハギレで試し染めしてください。p25参照

藍液の保存

藍液を長持ちさせるには、
酸化を遅らせることが大切です。
ポリバケツに入れビニールで
包んでおきます。

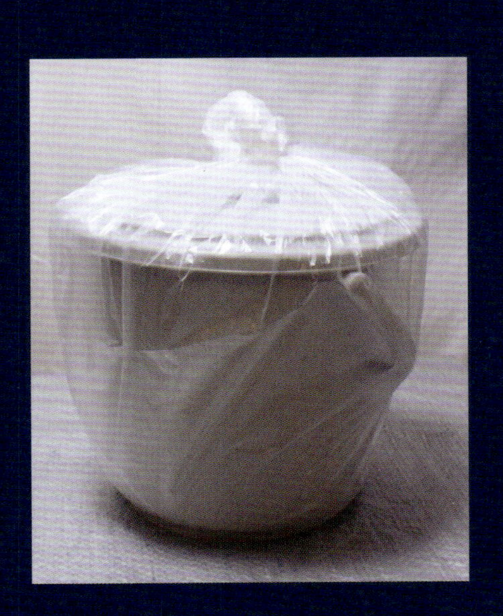

2章

浸し染め・段染め

淡い色の作り方、段染めの手順

白く残すのも
注意深さが必要

白地を残す

染めることと同様、
白く残すことも注意が必要です。
コート等の重い衣類は二人で。
手袋の藍液も白地につくと汚れに。
布を持つ・藍液に浸す作業を
二人で分業して染めることを
お勧めします。
布を藍液や水に移す際、
バケツのフチに藍液が
付いていると白地部分が
汚れるので、
気をつけましょう。
水洗いの際は、
多めの流水で洗ってください。

撮影環境や印刷により、
実際の色とは
多少異なります。
p15「注意」も読んで
おいてください。

白地を残したい場合、
藍液につける前に
服を束ねて持ちやすくして
おくと、一人でも
染めやすいです。

畳んだ布を染める

服を染めやすい大きさに縦横に畳んで、
上の端を藍液に浸し、
水に入れて発色させ、
次に反対側を
浸します。

板締め絞りと比べると、
絞らず、布を畳んだだけなので
藍と白地のバランスは
藍液がしみる偶然の要素が大きいですが、
藍と白のキワのにじみが綺麗な染めです。

1 綺麗に畳むためにシャツのボタンは
とめない。順に屏風畳みする

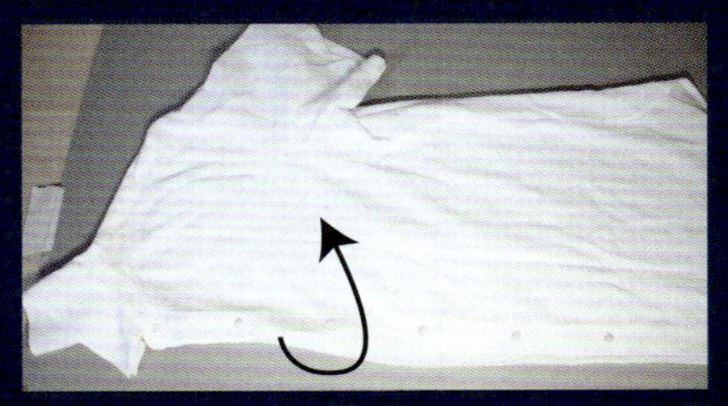

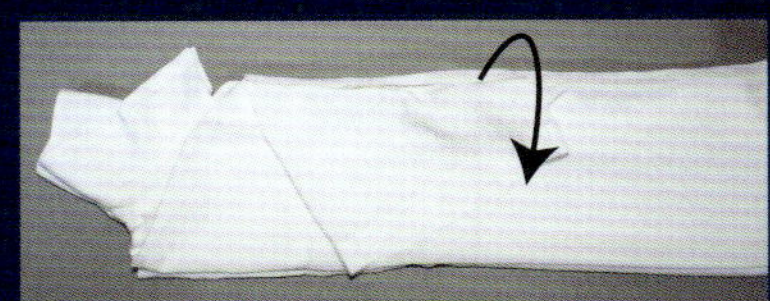

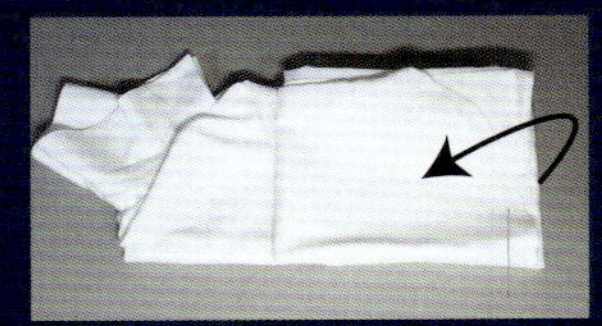

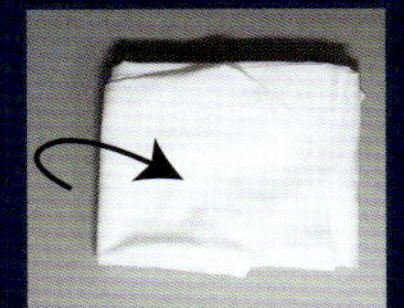

2 片側を1/3ほど藍液に浸し、藍液がしみる
ように前後に布を揺らしながら３分間浸す

水に浸して発色させる

3 反対側を染め、水に浸して発色させ、
水洗いし、湯洗いする

藍の濃淡

淡い色を作る方法

紺屋藍は、通常の藍染とは異なり１回の染色でも濃く美しい藍色に染まります。淡い色に染めたい場合、藍液を水で薄めたり、染色時間を短くしても綺麗には染まりません。

藍液の中の藍の濃度を調節することが大切です。
基本の藍液を水で薄めるのではなく
アルカリ濃度を変えずに（溶解剤と水の量は変えずに）
藍（粉末）の量を調整することで、淡い色の液を作ります。
染液のアルカリ度は、基本と同じなので、
藍（粉末）を足すことで、藍濃度の調節ができます。
★色見本はあくまで目安です。布のタイプや厚さによっても違います。印刷のため実物とは多少違います。
★淡い色は濃い色と比べ、色が抜けやすいです。

紺屋藍１パックの場合

溶解剤+水５ℓ ＋ 藍粉末を少量加える

計りがない場合は小さじの計量スプーンで測る。
★粉末が少量なので、大雑把な目安です。

水５ℓに溶解剤全量を入れた液に、粉末の藍を入れる

木綿

麻　　絹

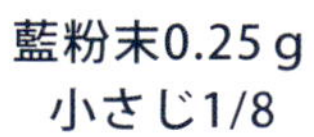

藍粉末0.25 g
小さじ1/8

溶解剤
+
水５ ℓ

藍粉末0.5 g
小さじ1/4

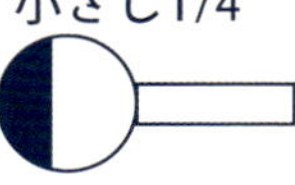

溶解剤
+
水５ ℓ

藍粉末1 g
小さじ1/2

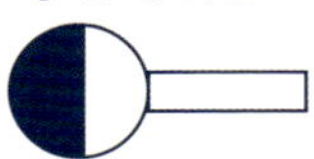

溶解剤
+
水５ ℓ

藍粉末2 g
小さじ1

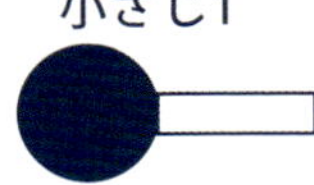

溶解剤
+
水５ ℓ

紺屋藍
１パック
全量
（基本の濃さ）

（藍粉末15 g ）

濃淡に染める

濃淡に染め分けたい場合、淡い色をやや広めに染めてから、
濃い色の藍液に浸すと、イメージに近い状態で染められます。
濃い色を染める際は、バケツの縁についた藍が
淡い部分につかないように
気をつけましょう。

1色目

濡らした布を、
ハンガーに吊るす。
藍液に水平に浸す
ように気をつける

淡い色にしたい部分の
やや上まで浸す。
布が重なったままに
ならないよう、3分間
藍液の中で揺らす

藍液を軽く絞り、隣の
水が入ったバケツに
浸してから、
流水洗いをし、
発色させる

1色目がしっかり発色
した状態

2色目

ハンガーに裾を上にして
掛ける。長袖なので、袖も
同様にハンガーに掛ける

ゆっくりと藍液に浸す。
藍液の中で布の重なりを
開くようにして
藍を浸透させる

3分浸してから、軽く
絞って取り出す

バケツの水に取り、
水洗いし、発色させ、
湯洗いする

白地を残した段染め

濃淡で二度染めします。
水洗いの際、白地が綺麗に仕上がるよう
流水でしっかり洗ってください。

1 はじめの染め位置の
目印になるように、
洗濯バサミをとめる

2 ハンガーにかけ、
淡い色を染める

3 水洗いして酸化させる。
洗う際、白地部分が
汚れないよう注意

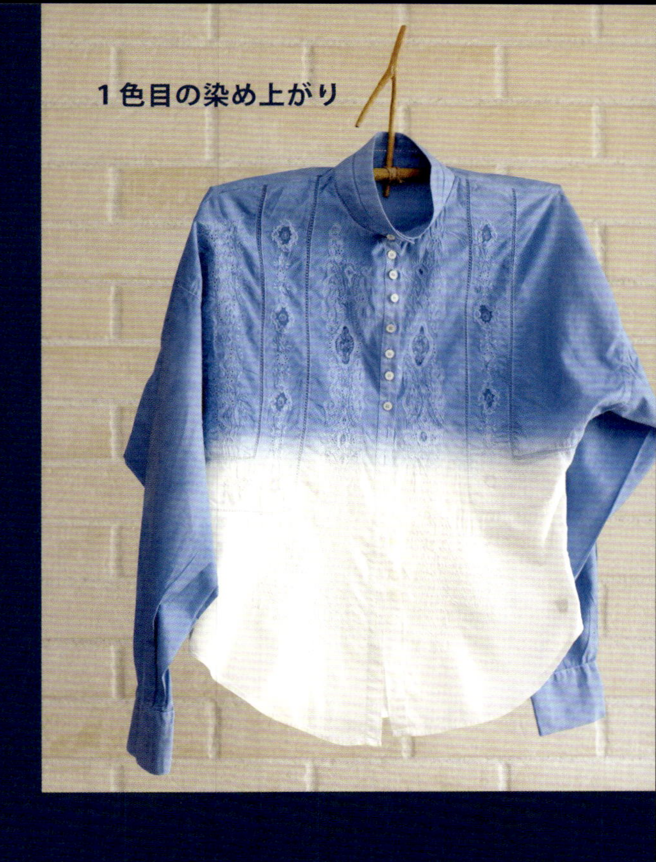

4 ハンガーに掛け直す。
★この作品では、袖に
濃い藍がつかないよう
袖をハンガーに掛けて
います。

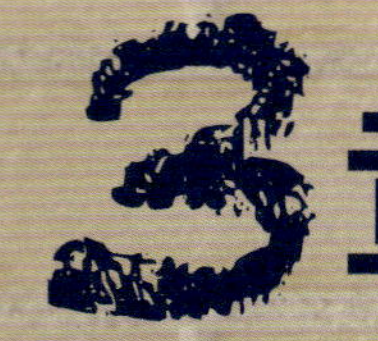章 縫い絞り

縫い
上がり

糸で縫い、
糸を絞る
ことで
防染します

畳んで縫う絞りのシャツ

左右対称の図案は、
布を２つ折りして
絞ると綺麗に絞れる。
p46 参照

撮影環境や印刷により、実際の色とは多少異なります。p15「注意」も読んでおいてください。

縫い絞りの基本　線に沿って縫う

縫い方の説明では、見やすいように赤い糸を使っています。

材料用具

綿カタン糸（20番） 木綿糸を使います。ポリエステル等は緩みやすい

木綿針（三の二～三の五）

消せるペン　図案を描くのに使う

リッパー　先端を縫い目に入れ、糸を切る

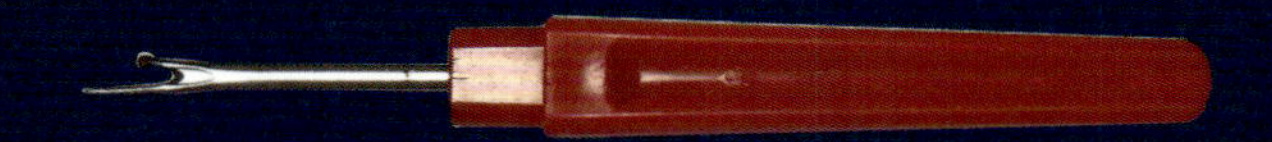

縫い方・絞り方

糸は、2本どり

1 図案を消せるペンで写す。中央に印を入れておく

中央に印

2 糸は、図案より長めに。端を長めに残し、大きな玉留めを作る

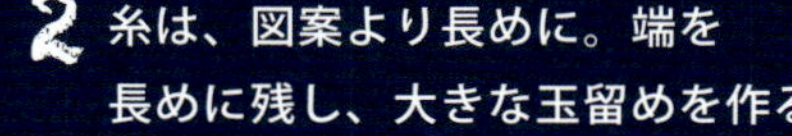

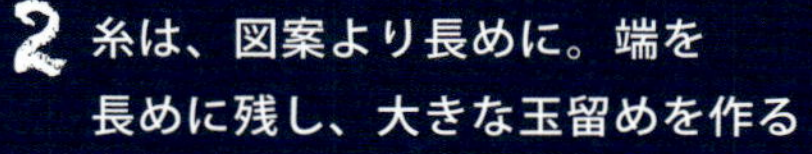

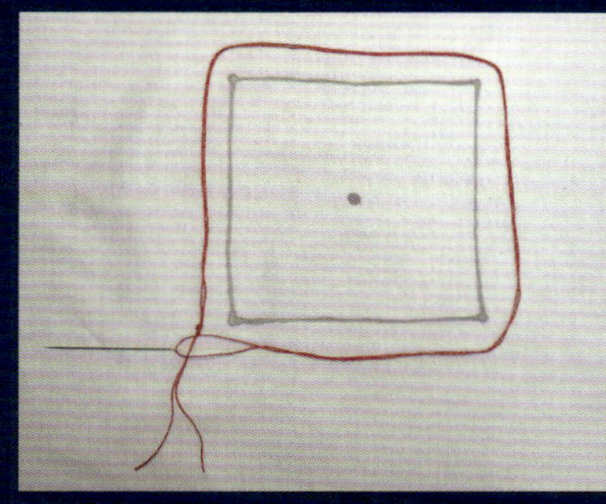

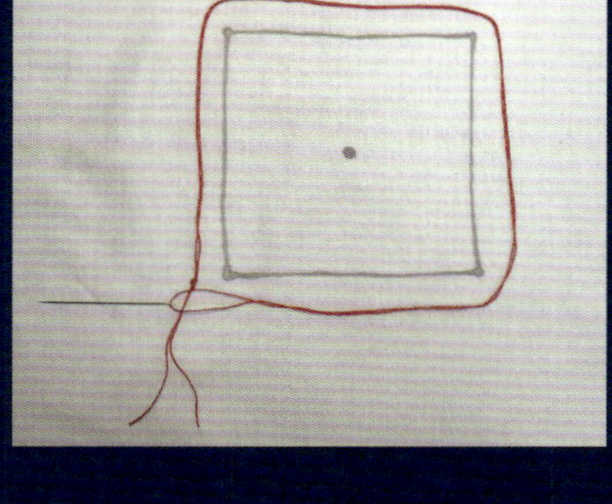

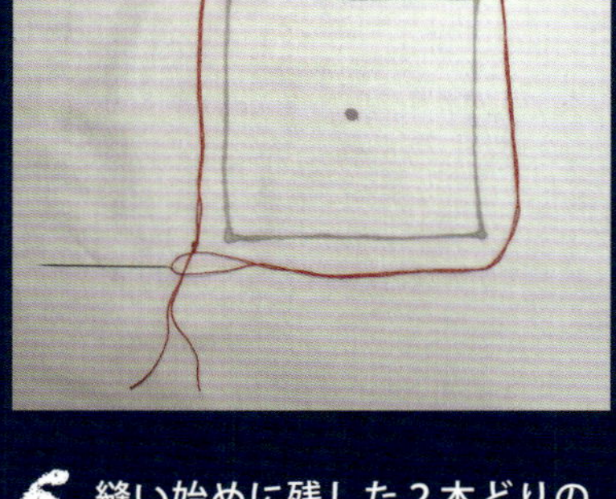

3 直線は中程から縫い始める。針目は3～4㎜

4 角に縫い目が来るように微調整しながら縫う

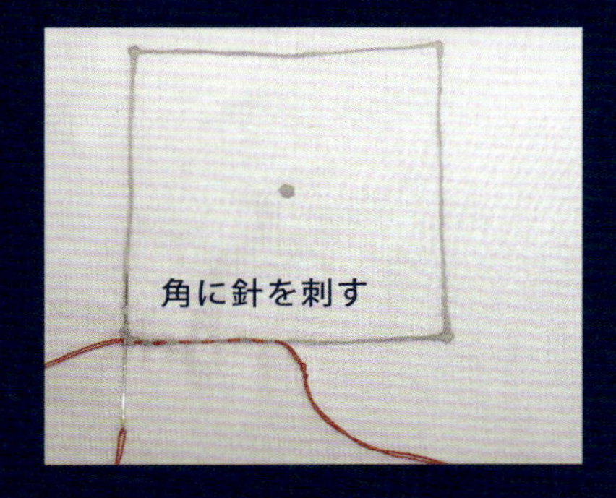

5 縫い始めに残した2本どりの糸の間に針を通す

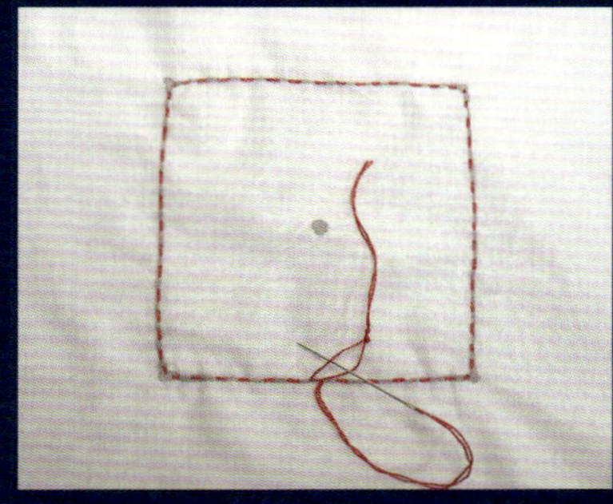

6 縫い終わりの糸を均等に布を寄せながら引く

7 針に糸を巻いて玉どめする

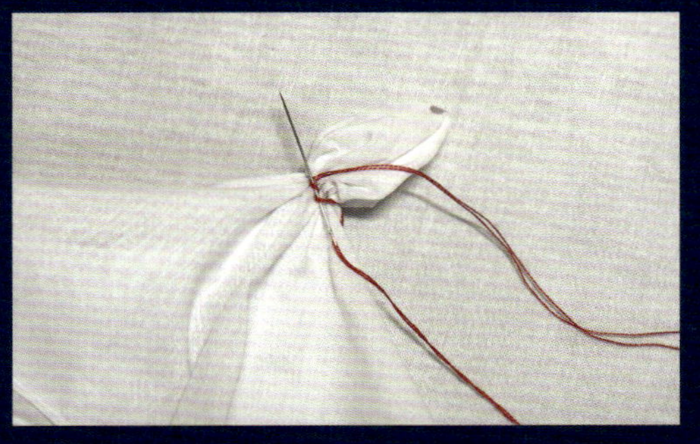

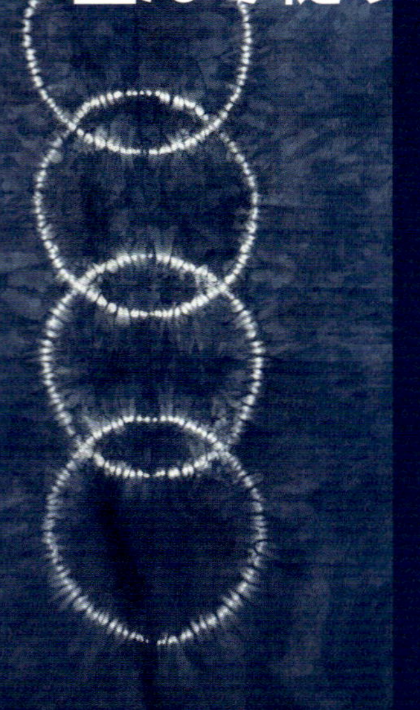

畳んで縫う絞り方

左右対称の図案の場合、
布を２つ折りして絞ると綺麗に絞れます。

２つ折り
した布

図案の半分を
消せる
ペンで描く。

図案を写す

布はアイロンをかけて
シワを伸ばしておく。
布を２つ折りにして
消せるペンで図案を写す

中央の印を入れておく。
糸を絞る時、中心がずれない

縫う

1
図案の端から縫い始める

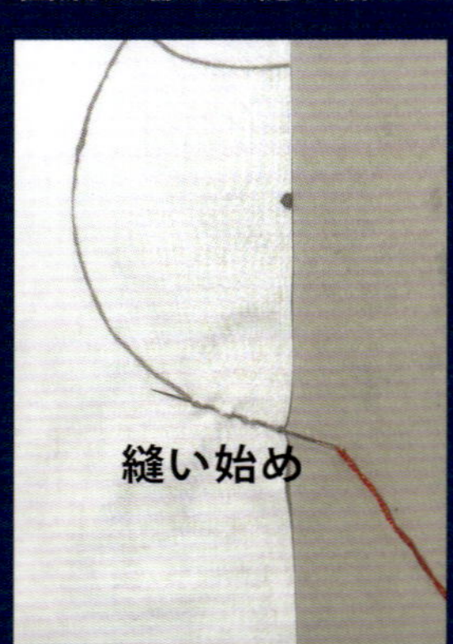

2
糸を切らずに次を縫う。

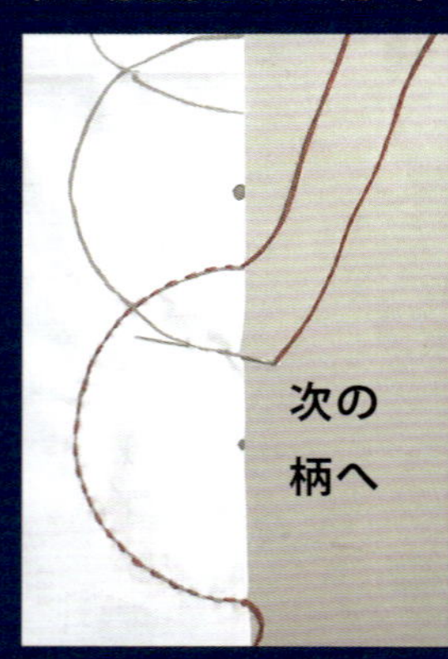

3
線が交差する所

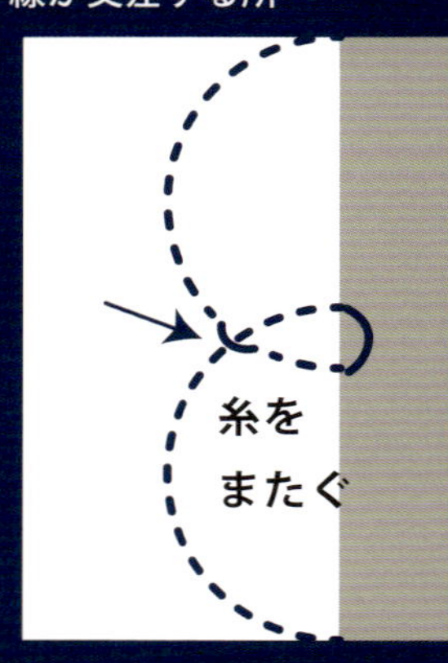

4
糸を切らずに残す

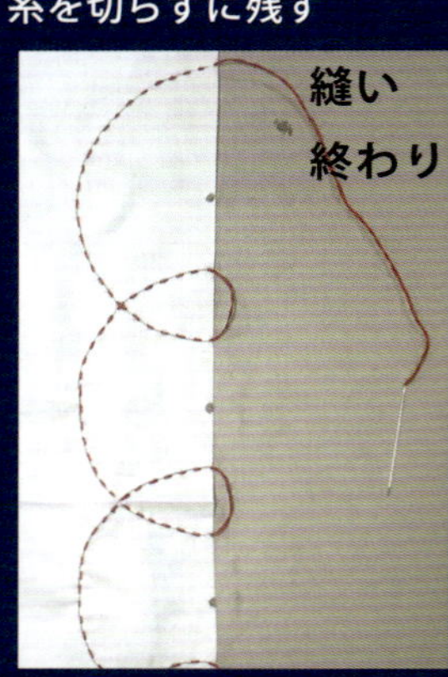

糸を絞る

１柄ずつ順に、糸を引き絞る

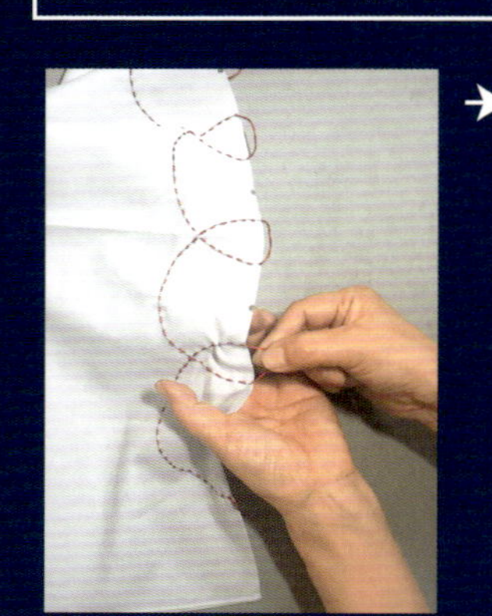

→

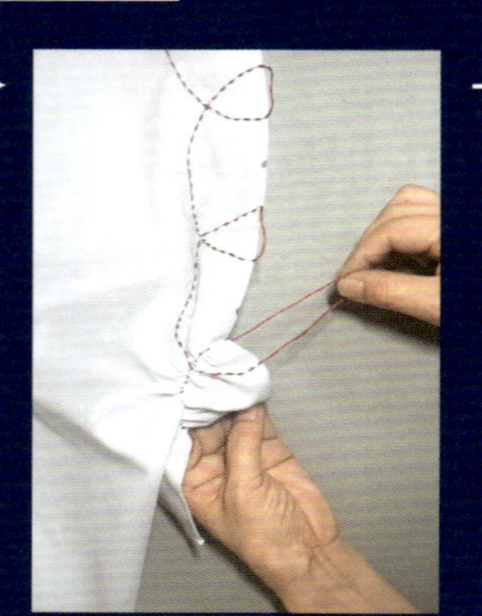

→

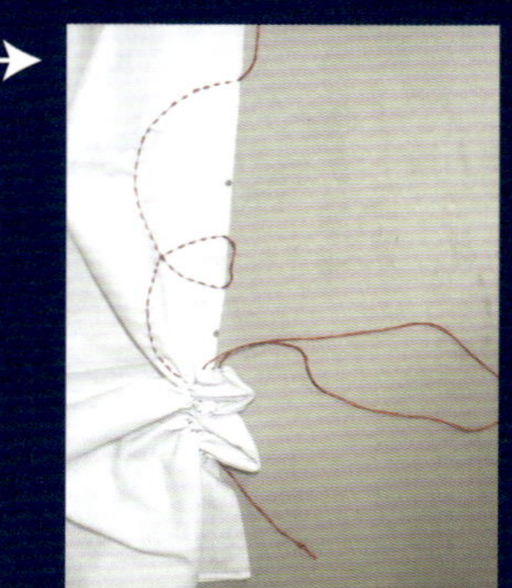

→

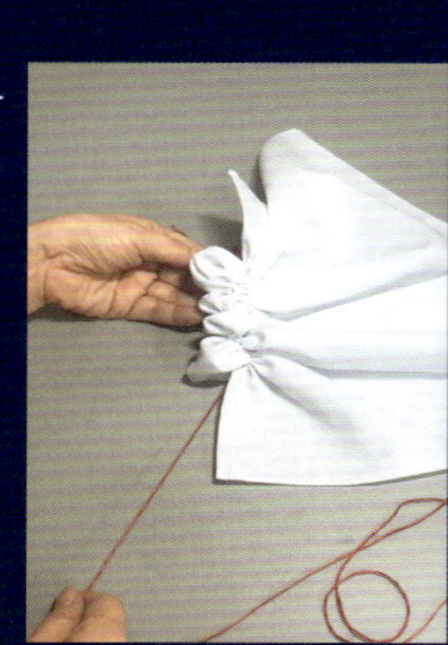

糸をとめる

糸の端を押さえて引き締め、糸を固結びする

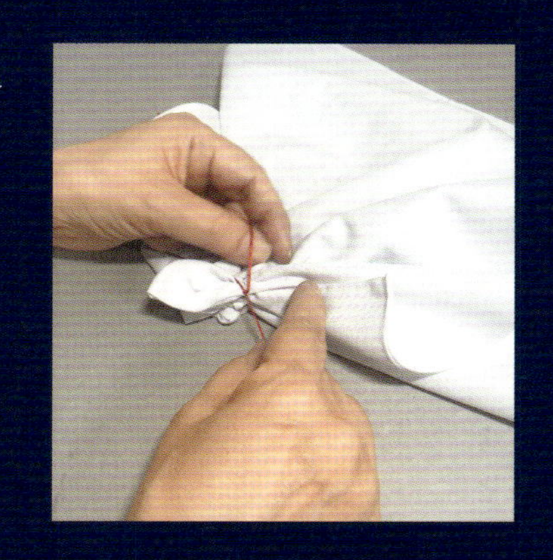

染める

絞った布の染め方の基本です。他の絞りでも参考にしてください。

1

水に浸し、軽く絞る

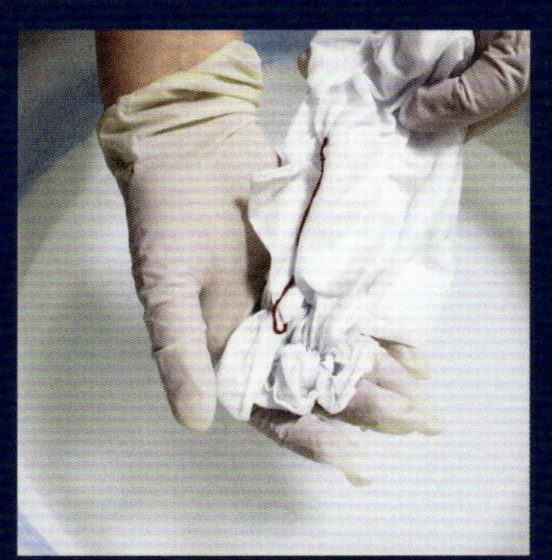

2

布を広げ、藍液に入れる

3

ヒダを広げ、揉みながら浸す

4

軽く絞り、手早く水に広げる

5

流水でしっかり発色させる

6

糸を解き、水洗い、湯洗いする

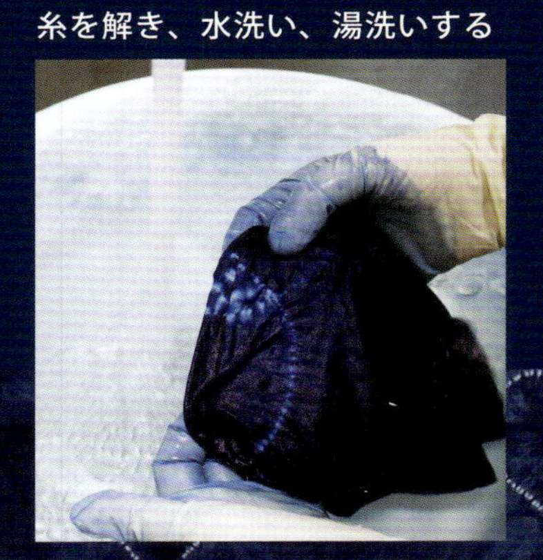

★ハート図案の絞り染め p29 も畳んで絞っています。絞った箇所は藍が浸透しにくいので、布の裏側はやや淡い色になります。

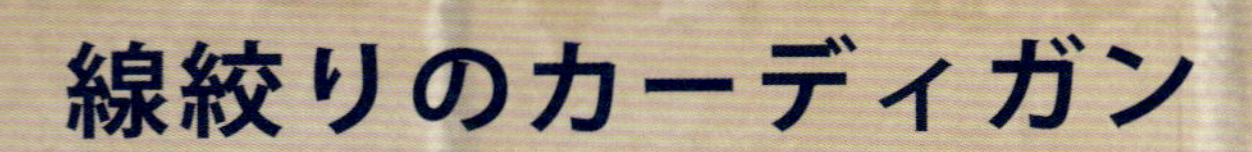

線絞りのカーディガン

コットン素材のカーディガンを
裏表いっぺんに縫って絞りました。
p45 参照

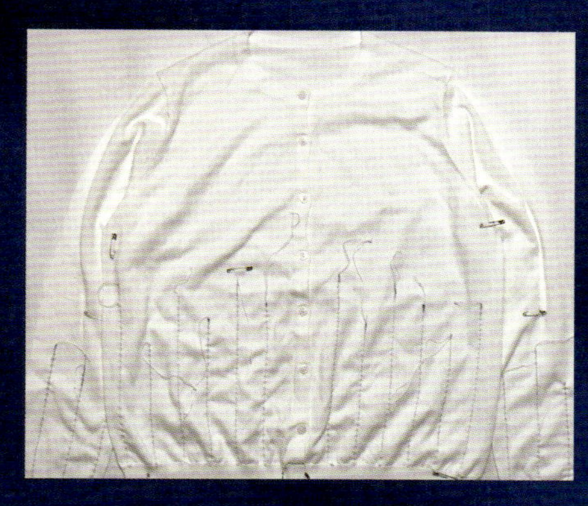

1

カーディガンを平らに置いて
形を整え、
前後の身頃がずれないように
安全ピンで数カ所とめる
図案を消せるペンで描き、
前後の身頃をいっぺんに縫う。
袖も同様に裏表合わせて縫う

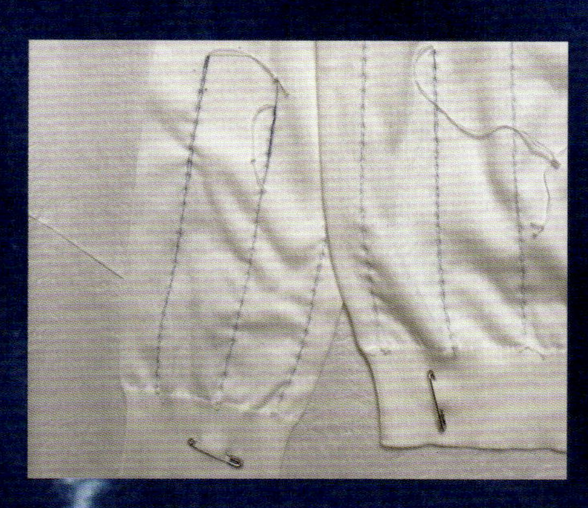

部分拡大

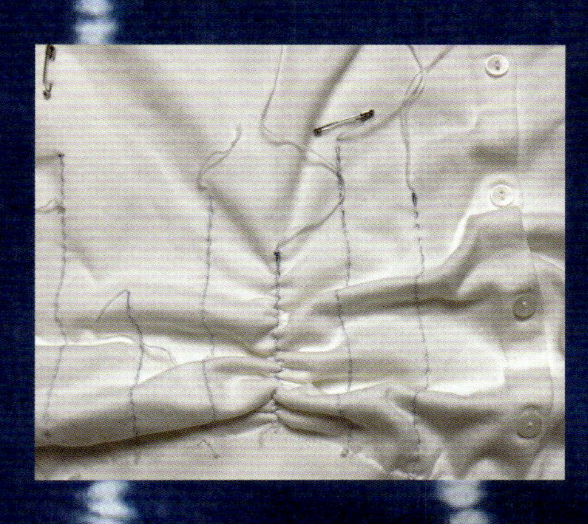

2

糸を１列ずつしっかり絞る

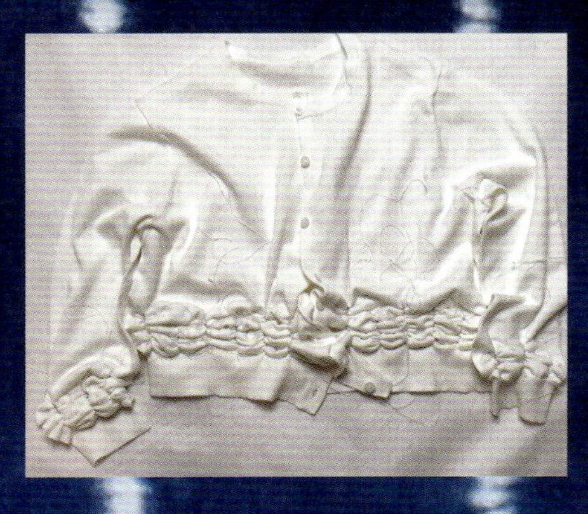

3

絞り終えたら、
安全ピンを外す。
身頃のボタンをとめずにおく。
しっかり水に浸し
軽く絞ってから染める。
絞った糸のヒダの間にも藍液がしみるよう
布を揉みながら染める

文字を縫い絞ったシャツ

一筆描きのような文字が絞りやすいです。
細かく複雑な絞りなので、
藍液がしみるように
ヒダを細かく丁寧に開きながら染める。
p45 参照

1 文字を消せる
ペンで下書きする
2 縫う
角に縫い目が来るよう
微調整しながら縫う
線が交差する所は、
縫い目を少し
大きくして
糸をまたぐ
3 全部縫い終わるまで絞らない
4 複雑な形なので、一文字ずつ
少しずつ丁寧に絞っていく

丸と四角の帽子絞りのシャツ

白く残したい部分を汚さないように
ビニールでカバーして染めます。
p54 参照

1
前後の身頃がずれ
ないように、
糸で数カ所とめる。
消せるペンで下書きし、
縫う。糸を絞る前に
前立てのボタンは
とめずにおく

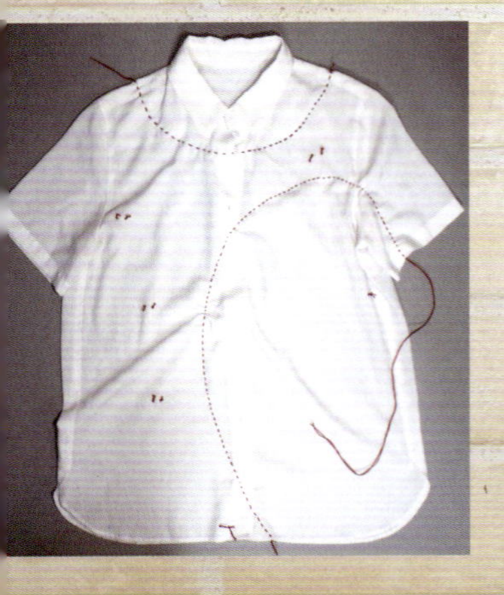

2
1カ所ずつ、
割り箸等を中心に刺し
糸を強く引き絞る

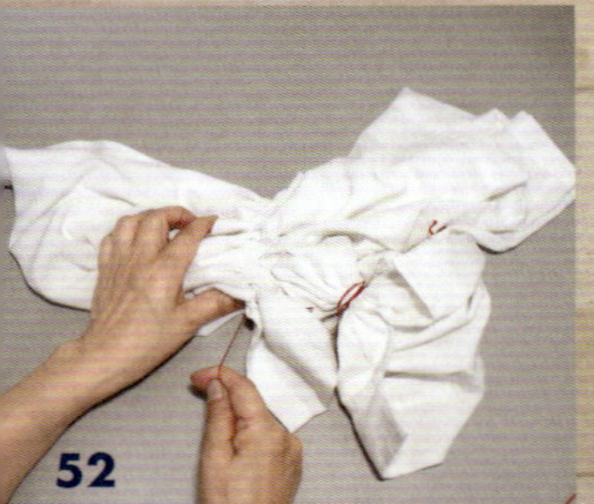

3
絞った縫い目の上に
強く糸を巻く

ビニール袋を被せ、
隙間から藍液がしみ込まない
ように糸で再度巻く

染める。

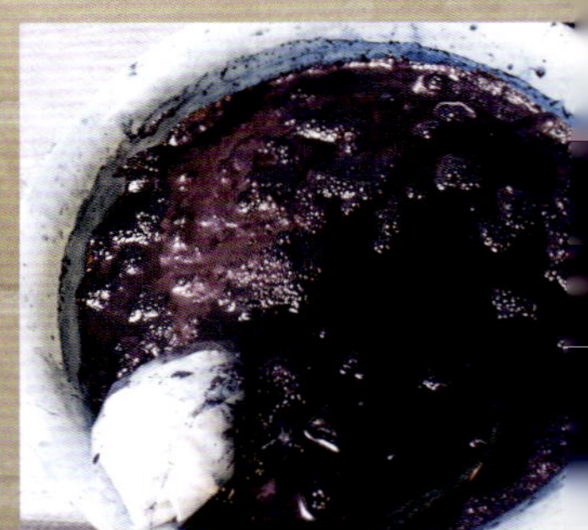

左ページを参照して
絞り染める

1 縫う

2 絞る

3 ビニールを縫い目の上に巻く

4 全体にビニールを巻く

帽子絞りの仕方

線に沿って縫う

図案を写して縫う。
図案の中央に糸を付けておく

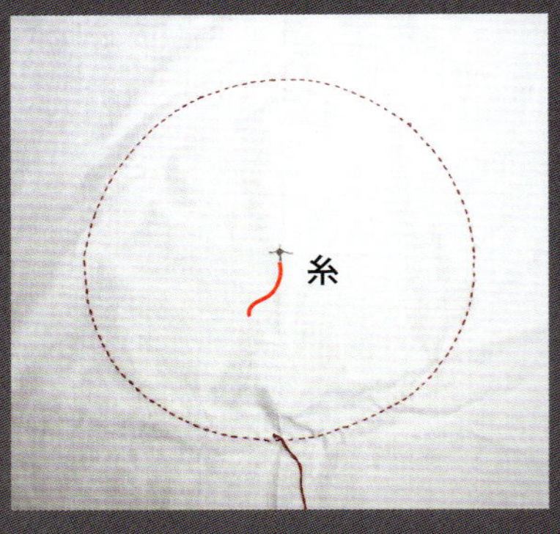

糸を絞る

3の棒は、絞り口をしっかりと閉じるために刺す。隙間があると藍液が内側に入ってしまうので、棒の太さは絞り口のサイズに合ったものを使う

1 糸を引いていく

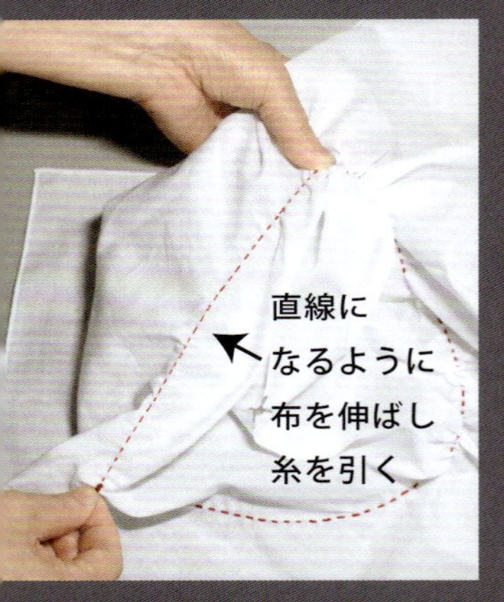

2 中央の糸を引っ張る

3 裏側から絞り口に棒を刺す

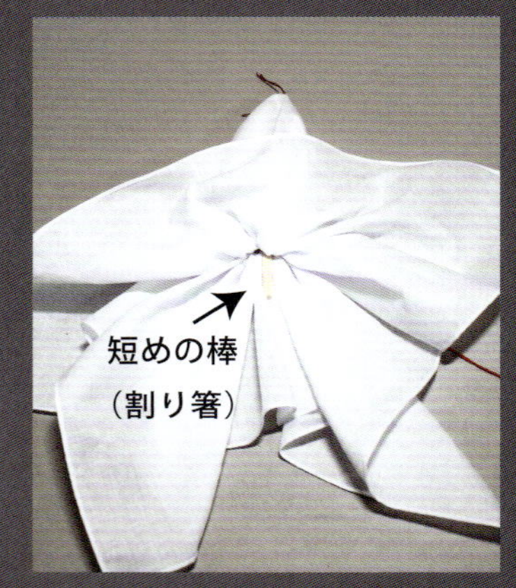

4 縫い目の上を数回巻く

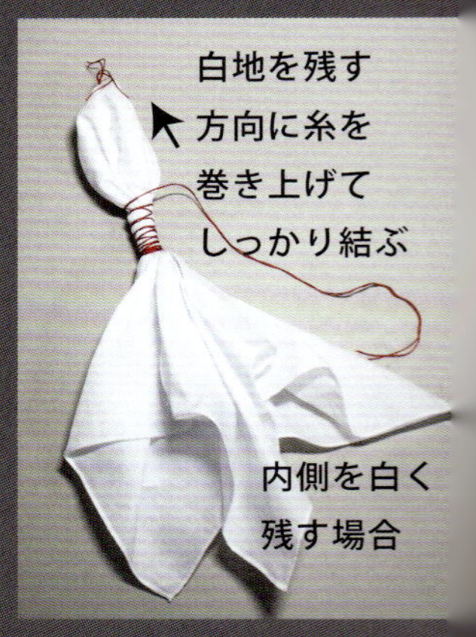

ビニールを被せる

1 白地を残す部分にビニールを被せ、藍液が入らないように強く巻き込む

2 被せたビニールの上から、縫い目の上に糸を3~4回強く巻き、ギュッギュッと巻き上げて巻き下ろすを数回繰り返す

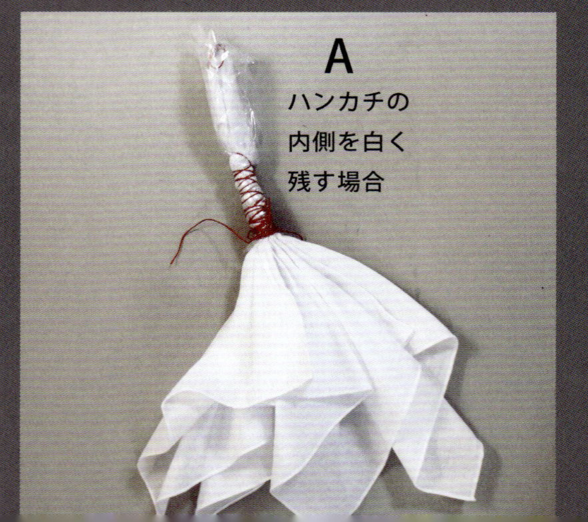

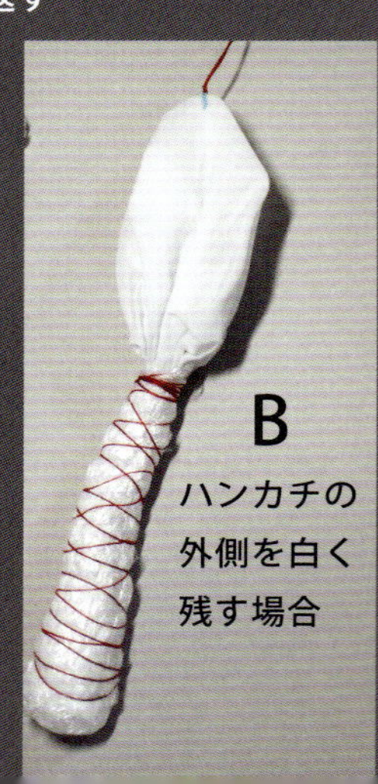

染める

1 水に浸け軽く絞り、ビニールの部分を摘んで、絞りの部分まで浸るようにを藍液に浸す

2 藍液から出し、水中で発色させる

3 発色後、藍液が出なくなったら糸を切る

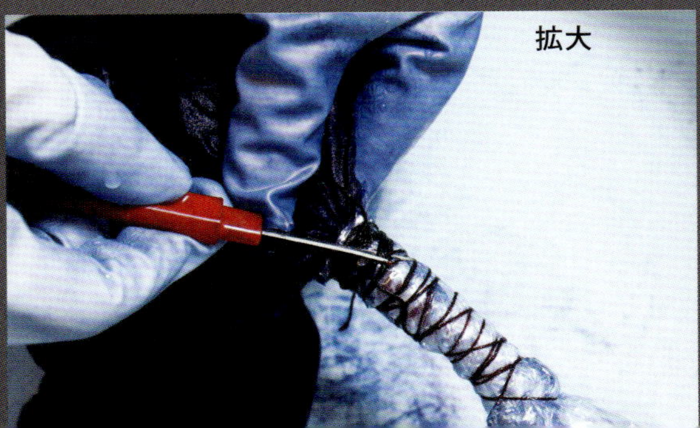
拡大

A ハンカチの内側を白く残す

B ハンカチの外側を白く残す

4 ビニールを外す

5 再度水洗いしてから、湯洗いをする

帽子絞りいろいろ

襟周りと袖口を
広めにくるりと縫って絞る

染め残したい箇所にビニールを被せる。
染める箇所のボタンはとめずにおく。
p52〜55 参照

シャツの前後の身頃を一緒に縫う。
横に2本（袖も一緒に）縫い糸を絞る。

絞った線の上を2〜3回糸でしっかり巻いて、
染め残したい方向に向けて巻き上げる。
ビニールを被せ、
再度糸で巻き上げる。
p52〜55 参照

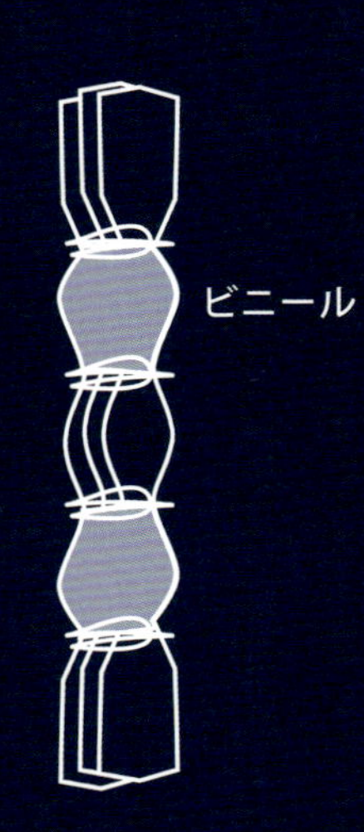

縦に細長く畳んで、
しっかりと縛る
白く残したい箇所に
ビニールを巻いて
藍液が入らない
ように、糸で強く
巻き上げる。
p52〜55 参照

前後の身頃を一緒に
縦に縫う。
強く絞り、
白く残したい側に
ビニール 袋を被せ、
絞った箇所の上に
糸を巻き上げる。
p52〜55 参照

巻き上げ絞りのシャツ

丸や四角を縫って、割り箸等を刺して、
糸を引き、糸を巻き上げて
防染します。繊細な糸線が綺麗な
絞りです。ボタンはとめない方が
染めやすいです。
p60 参照

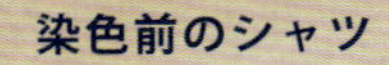
染色前のシャツ

絞ったところ

絞ったところ

巻き上げ絞りの仕方

線の通りに縫う

図案を写す。
図案の中央にも印をつけておく。
縫う

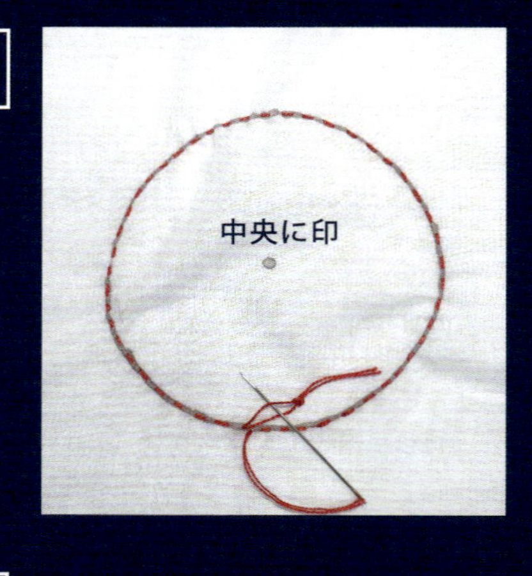

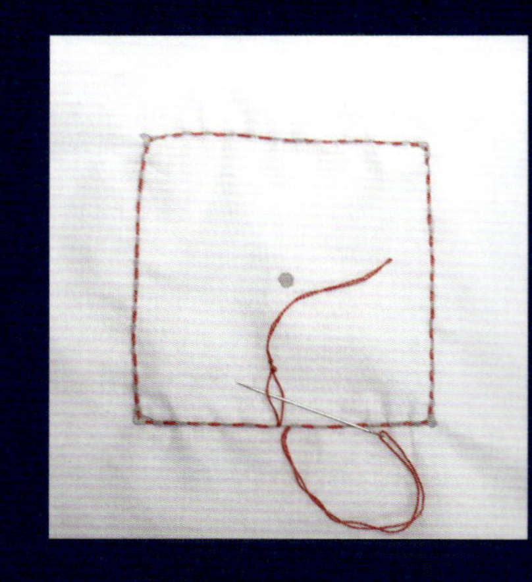

布を絞る

1 糸を軽く絞って図案の中央に向けて裏側から棒を刺す

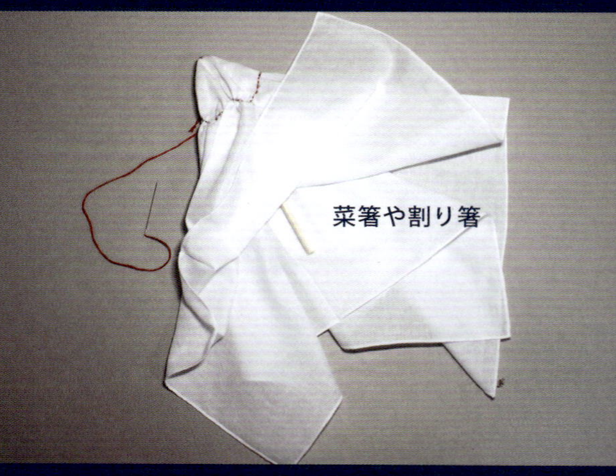

2 ヒダを均等に整え、縫い目を水平にし、糸をきつく引き絞る

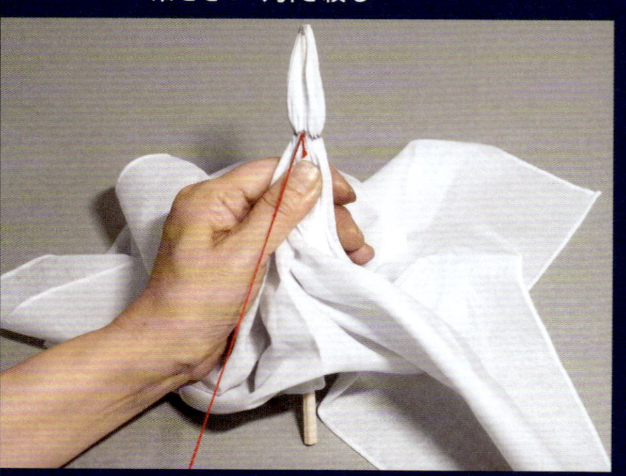

3 縫い目の上を2〜3回きつく巻く。一巻毎に引き締め、巻き上げ、巻き下ろし、糸をとめる

4 2本どりの糸を割って結ぶ

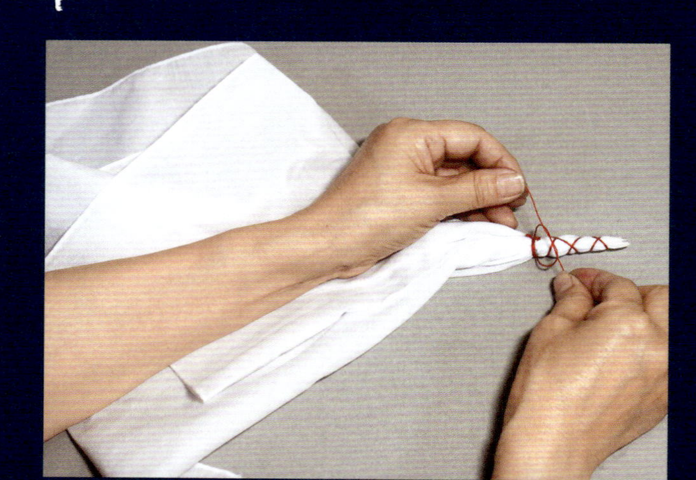

染める

1 水に浸して軽く絞ってから藍液に浸す。ヒダの間にも藍液がしみるように、布を広げながら染める

2 水洗いして発色させる

3 完全に発色し、水が汚れなくなったら糸を切る

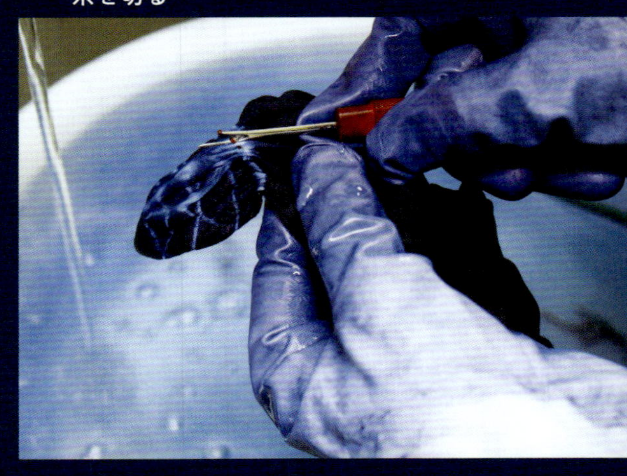

4 水洗い、湯洗いをする

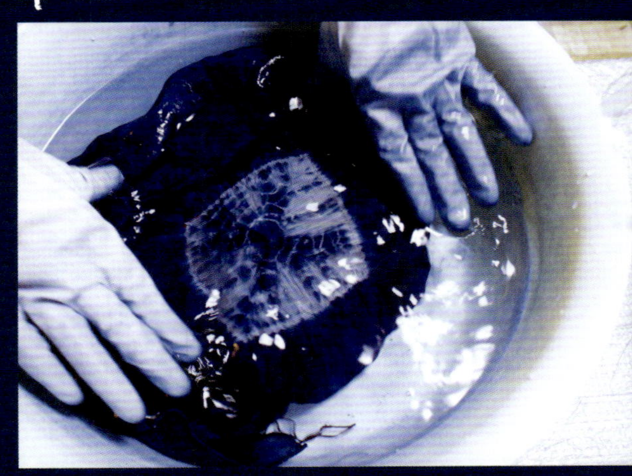

染め上がり

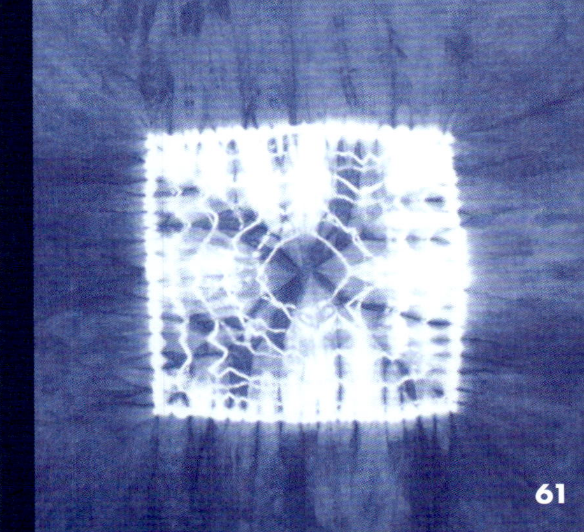

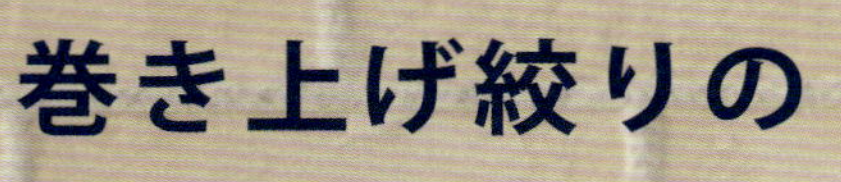

巻き上げ絞りのワンピース

少し複雑な
巻き上げ絞りです。
糸を巻き上げて
いく際に、
強く巻く
（地色が残る）
箇所と
巻かない
（藍に染まる）
箇所の
変化をつけると
綺麗です。
p64 参照

やや厚手の麻のワンピースなので、
小さく繊細な絞りの柄には向きません。
大胆なものがお勧めです。
ベルト等の共布の付属がある場合は、
服から外し、
服と一緒に藍液に浸す

染色前のワンピース

縫い絞り終了。藍液に浸す前に
前立て等のボタンをとめずにおくと
染めやすい

1 水に浸し、軽く絞った服の
袖口に手を通し、布を広げて
藍液に入れる

2 藍液の中で絶えず泳がせ、
ムラのできないように
染める。
藍液から、布が出ないように
注意

3 藍液から出し、
水に浸し、
流水洗いで発色させる

4 藍がしっかり発色し、
水が汚れなくなったら
糸を切り布を広げる

5 水洗い、湯洗いする

複数の円の巻き上げ絞りの仕方

線の通りに縫う

消せるペンで
複数の円の図案を写す。
中央に印を入れておく

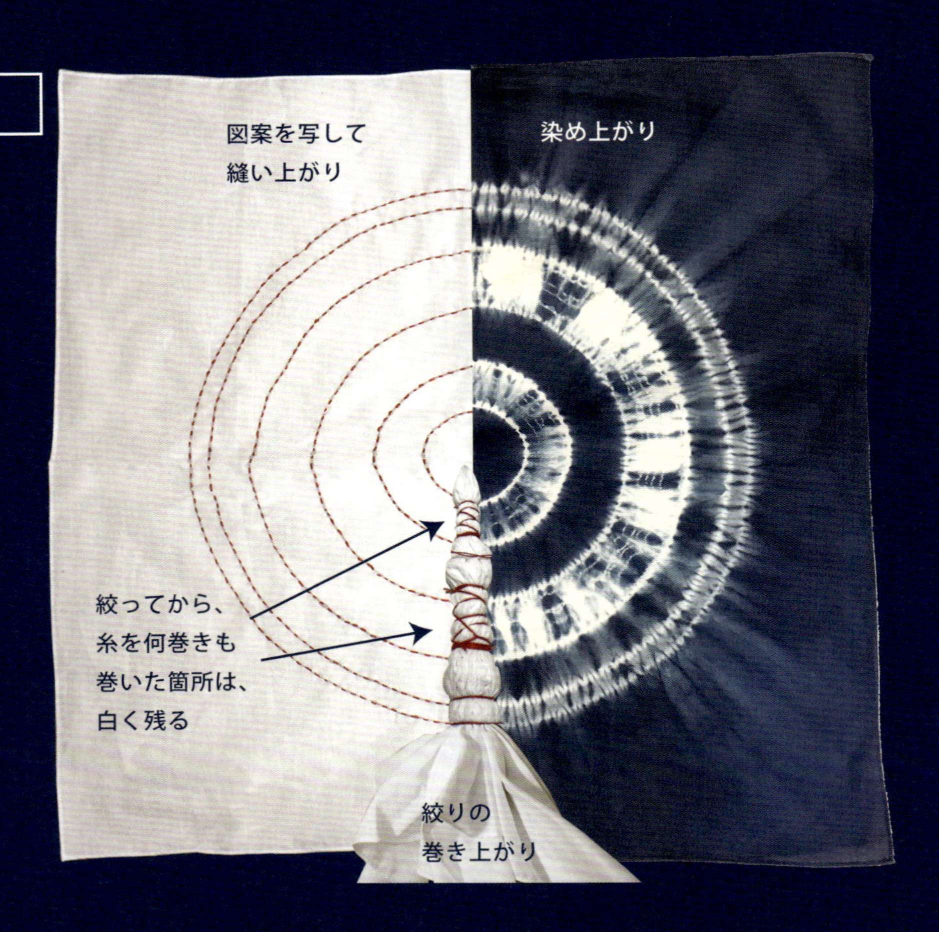

糸を絞る

1 糸を内側の円から順に、軽く絞る

2 図案の中央に向けて裏側から棒（菜箸か割り箸）を刺す。ヒダを均等に整えながら絞る

3 縫い目を水平にし、糸をきつく引き絞り
それぞれの糸を結んでとめる

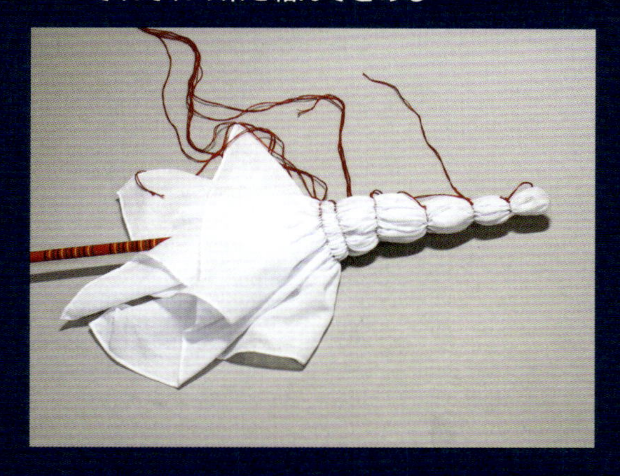

4 絞った糸の間隔に合わせて、地色を残したい
箇所に糸を巻いていく

5 糸の巻き終わりを結んでおく

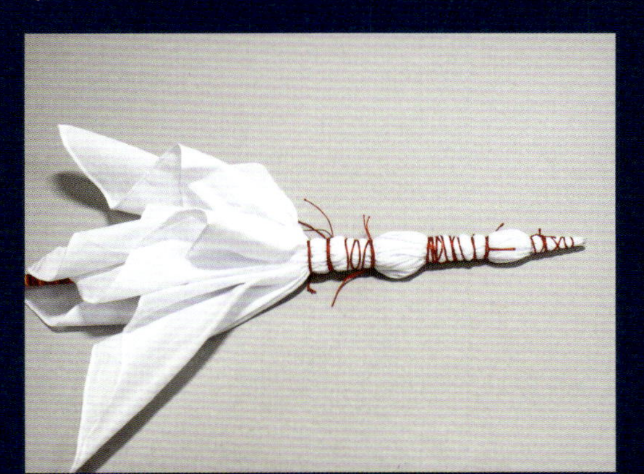

染める

1 棒を入れたまま、ヒダが細かいので、
水に充分に浸し、軽く絞って藍液に浸す

2 ヒダの間にも浸透するように揉んだり、
布を摘んで隙間を開け、染まりやすくする

3 水洗いをし、完全に発色して水が汚れなく
なったら糸を切る。
水洗いし、湯洗いをする

4章 板締め絞り

板で布を挟み、
防染します

 撮影環境や印刷により、実際の色とは多少異なります。p15「注意」も読んでおいてください。

円形の板締め
シャツ

チェックのシャツを、やや薄めの色の藍液で染めています。

p68 参照

板締め絞りの基本

材料・用具

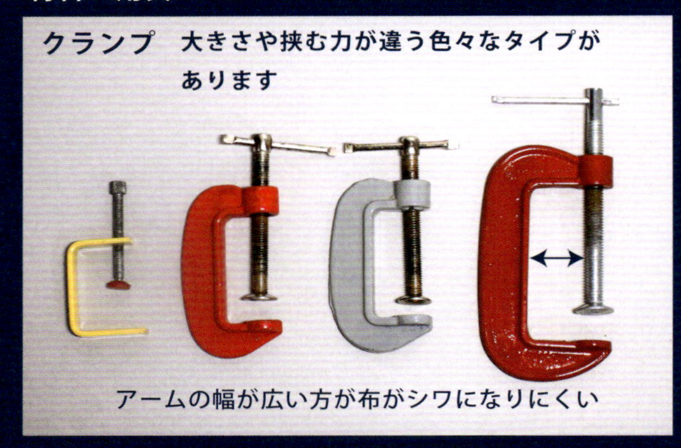
クランプ　大きさや挟む力が違う色々なタイプがあります

アームの幅が広い方が布がシワになりにくい

板　同じ形のものがペアで必要

布を畳む

屏風のように、山谷を交互に折る。
畳んだ布のヒダが多くなると、
藍液が浸透しにくくなるので、
シンプルな畳み方にする

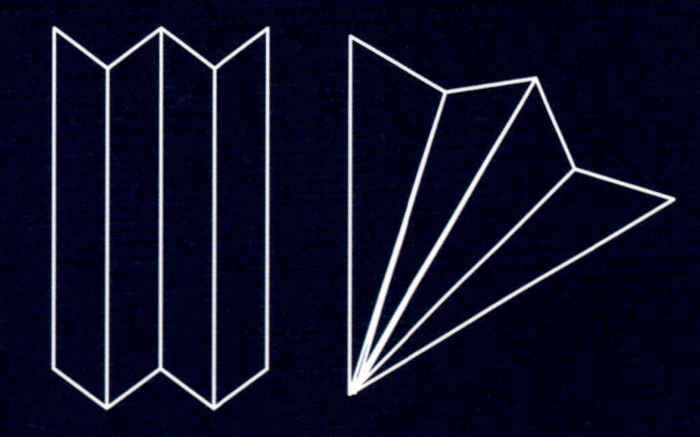

このシャツの場合は、前身頃を綺麗に染めるために変形の屏風畳み（袖が内側になるので、浸透が悪く薄い色に）

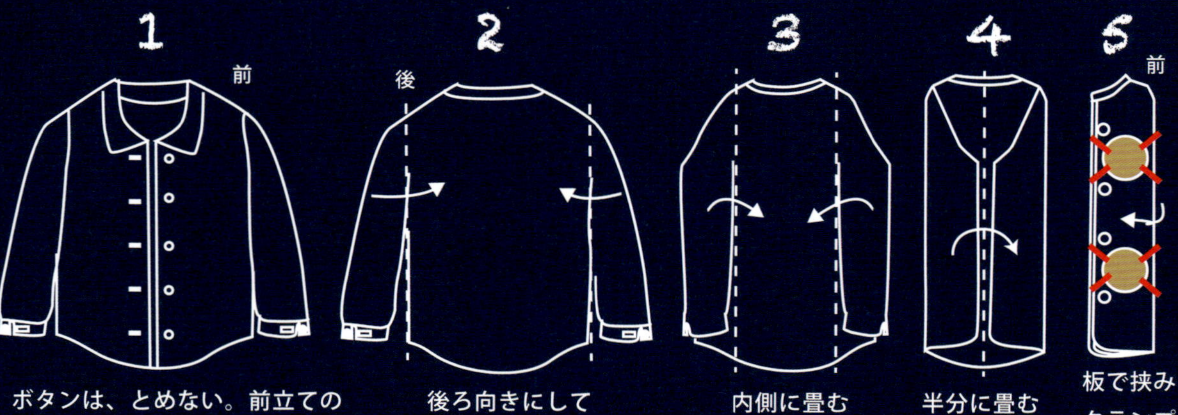

1. ボタンは、とめない。前立ての左右は重ねずに隙間を開ける
2. 後ろ向きにして袖を内側に畳む
3. 内側に畳む
4. 半分に畳む
5. 板で挟みクランプでとめる

板で締める

1 板で布を上下から挟む

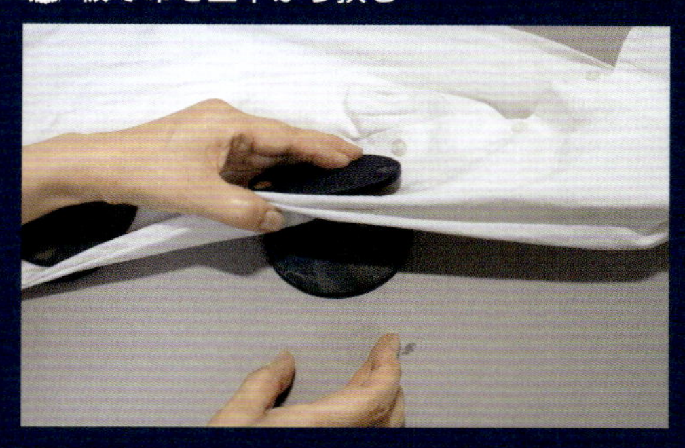

2 上下の板がずれないよう確認して、クランプで挟む

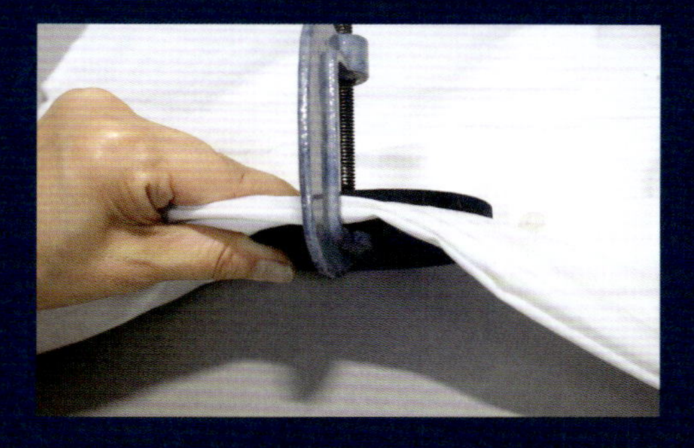

3 クランプのアームの幅が狭いとシワになり、染めムラに

4 クランプの数を増やすとより力が加わる。両側や対角からとめる。均一に締める

染める

1 水にしっかりと浸し、軽く絞って藍液に浸す。挟んだ布のヒダを丁寧に広げて藍液にあてる

2 水洗いし、完全に発色したら板を外す。再度水洗いし、湯洗いする

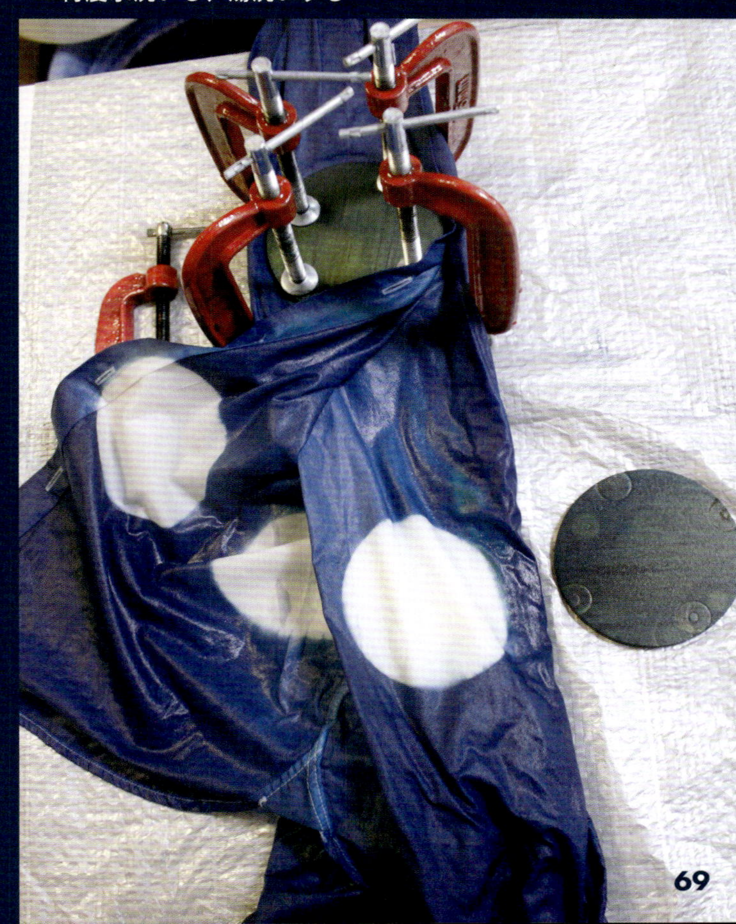

重ね染めのシャツ

同じ形のグラデーション柄が
できる染め方

重ね染めの仕方

板締め絞り（p68）で
染め、畳んだまま、
板の位置をずらし、
再度、藍液に浸します。

1 布を屏風に畳んでクランプでとめる

2 藍液で染め、水洗いして発色させる

3 板を外す　板の位置をずらす

4 濃い藍液で再度染める

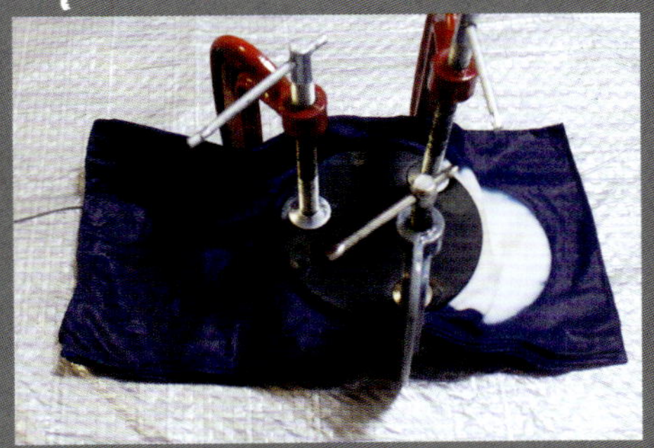

1回目の染め

淡い色の
藍液に浸す。
布は畳んだまま
流水で発色させる

2回目の染め

板位置を変える。
濃い色の
藍液に浸す。
板を外し、
布を広げる
水洗い、湯洗い

1 布を屏風に畳んでクランプでとめる

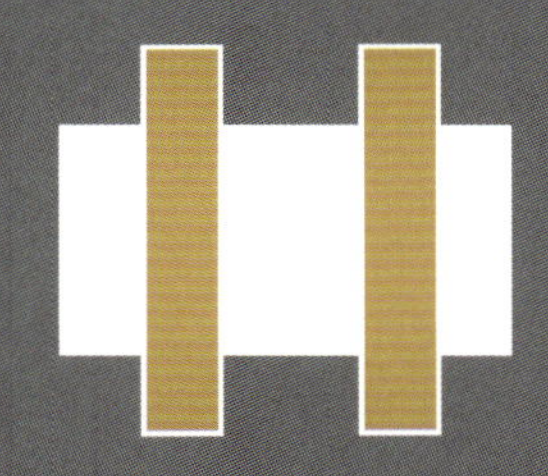

2 藍液で染め、水洗いして発色させる

板を外す　板の位置をずらす

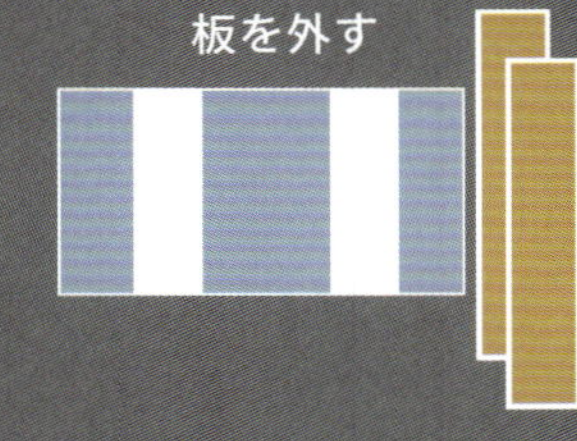

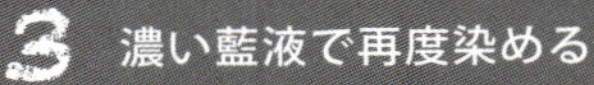

3 濃い藍液で再度染める

コインの板締めシャツ

十円玉をクランプでとめて白抜きの柄を作ります。
布の畳み方を工夫して染めてください。
p78〜81 参照

1 消せるペンでガイドを描く
コインを置いてイメージを確認

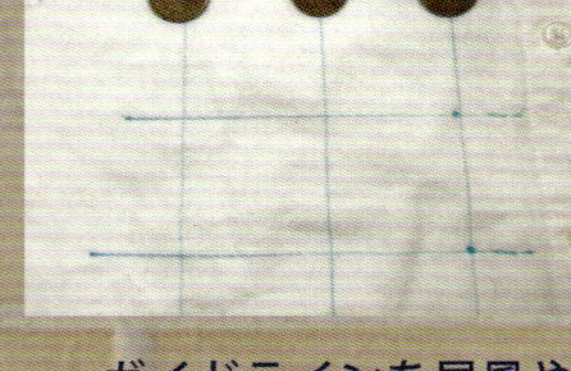

2 ガイドラインを屏風や
扇子型に畳む。
布がずれないように
ガイドラインの要所を
糸で玉どめする

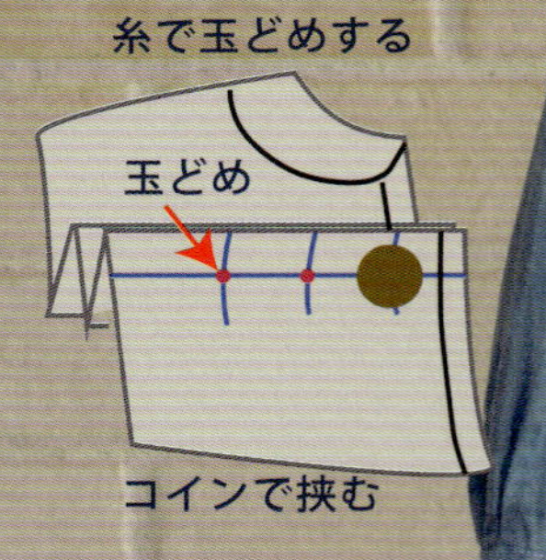

3 クランプで締める

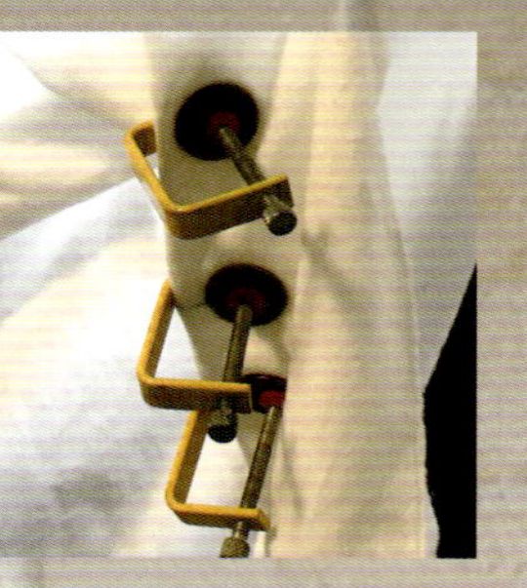

コインを外す前

藍液に浸す
コインを外す前
外したもの

長方形の板締めシャツ

左は、シャツを縦横に屏風に畳んで染めています。
外側が、一番濃く染まります。右は、裾を屏風畳み。
p68 参照

1 布を板の長さより短めに畳む。板で挟みクランプを左右上下からしっかり締める

2 藍液に浸し、板を付けたまま水洗いする。発色したら板を外し、水洗い、湯洗いする

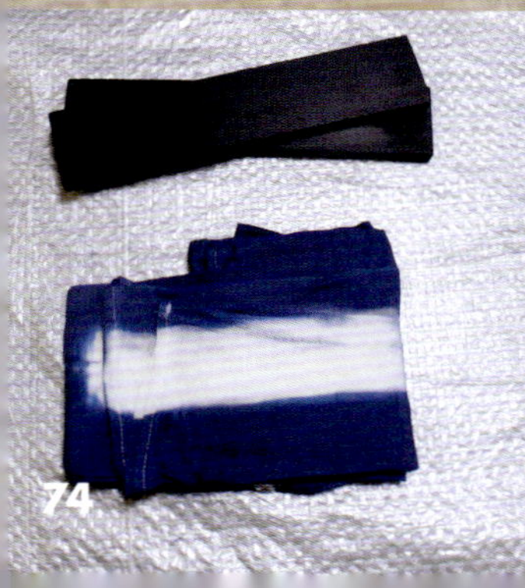
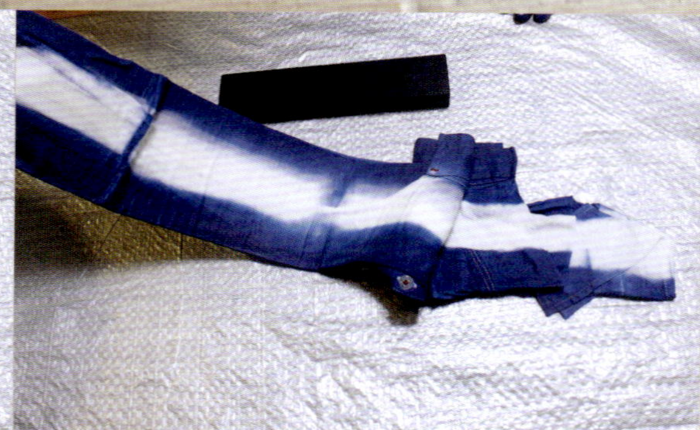

裾
1 シャツを
屏風畳みし、
裾を板で挟んで
クランプで
しっかり締める
2 藍液に浸し、
板を付けたまま
水洗いする。
発色したら
板を外す
3 布を広げ
水洗い、
湯洗いする

複雑な形の板締めハンカチとコート

星と切り文字の板を使っています。

複数のクランプでしっかりと締めると、綺麗な星型に

上下の文字がずれないよう注意。
文字の上下に板を渡して沢山のクランプで締める

扇畳みのハンカチ

コインと割り箸で防染しています。

布を
コインで挟んで
クランプで
締める

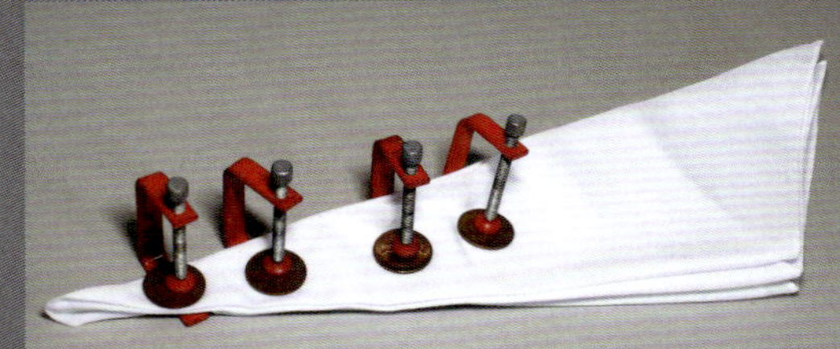

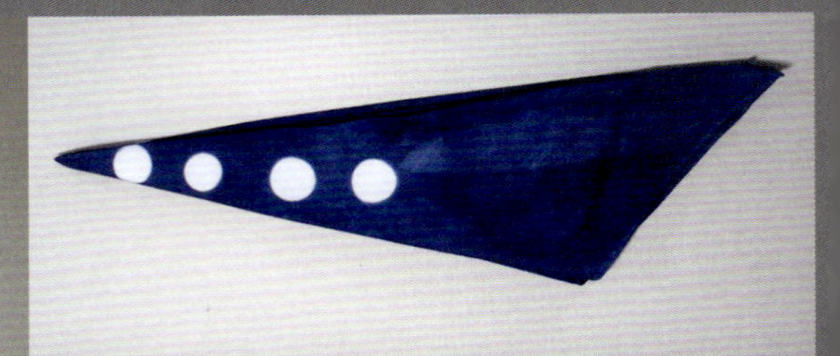

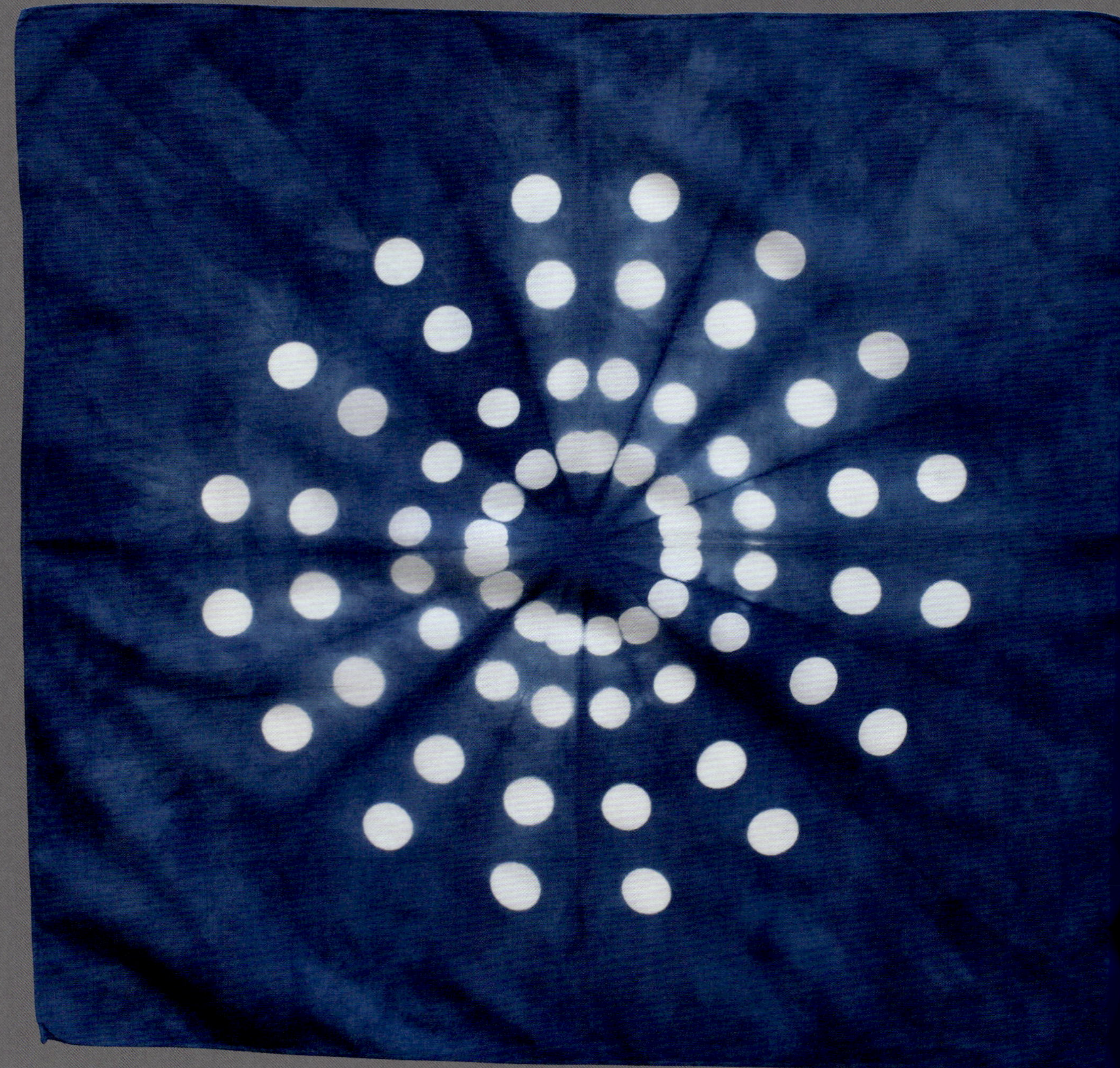

割り箸で挟んでゴムでとめる

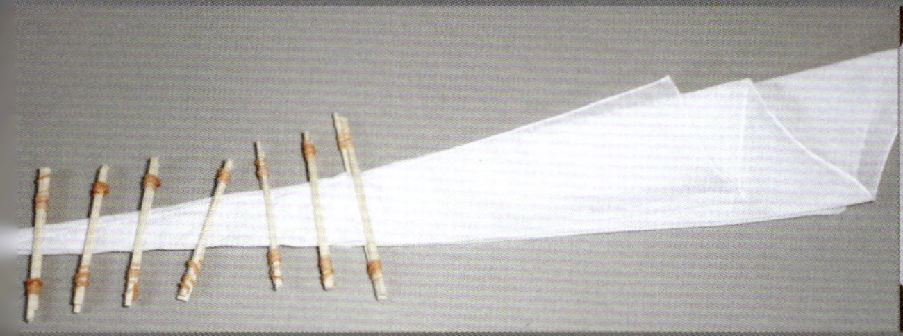

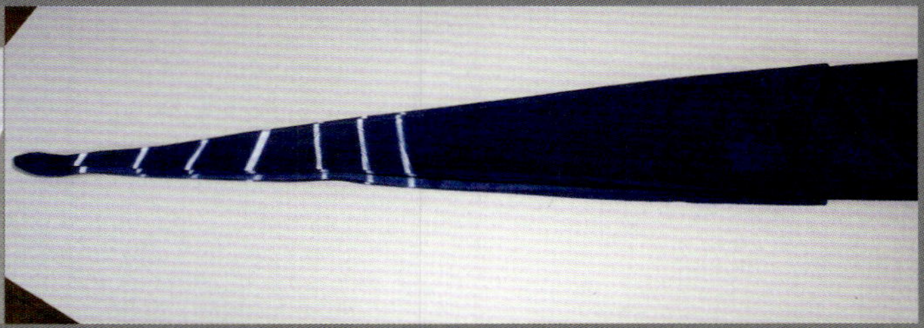

洗濯バサミ等で締めたハンカチ

ハンカチを畳む

洗濯バサミでとめる

染める

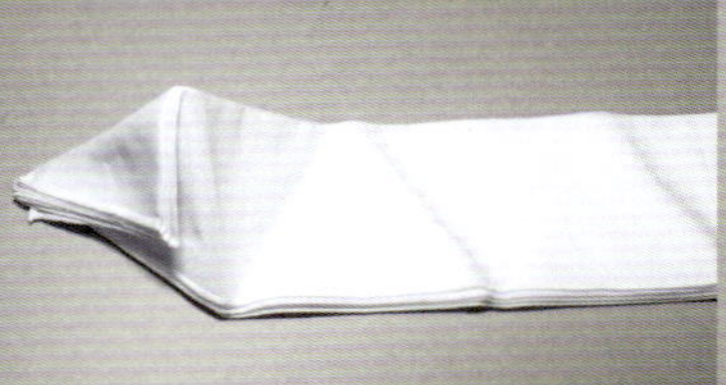

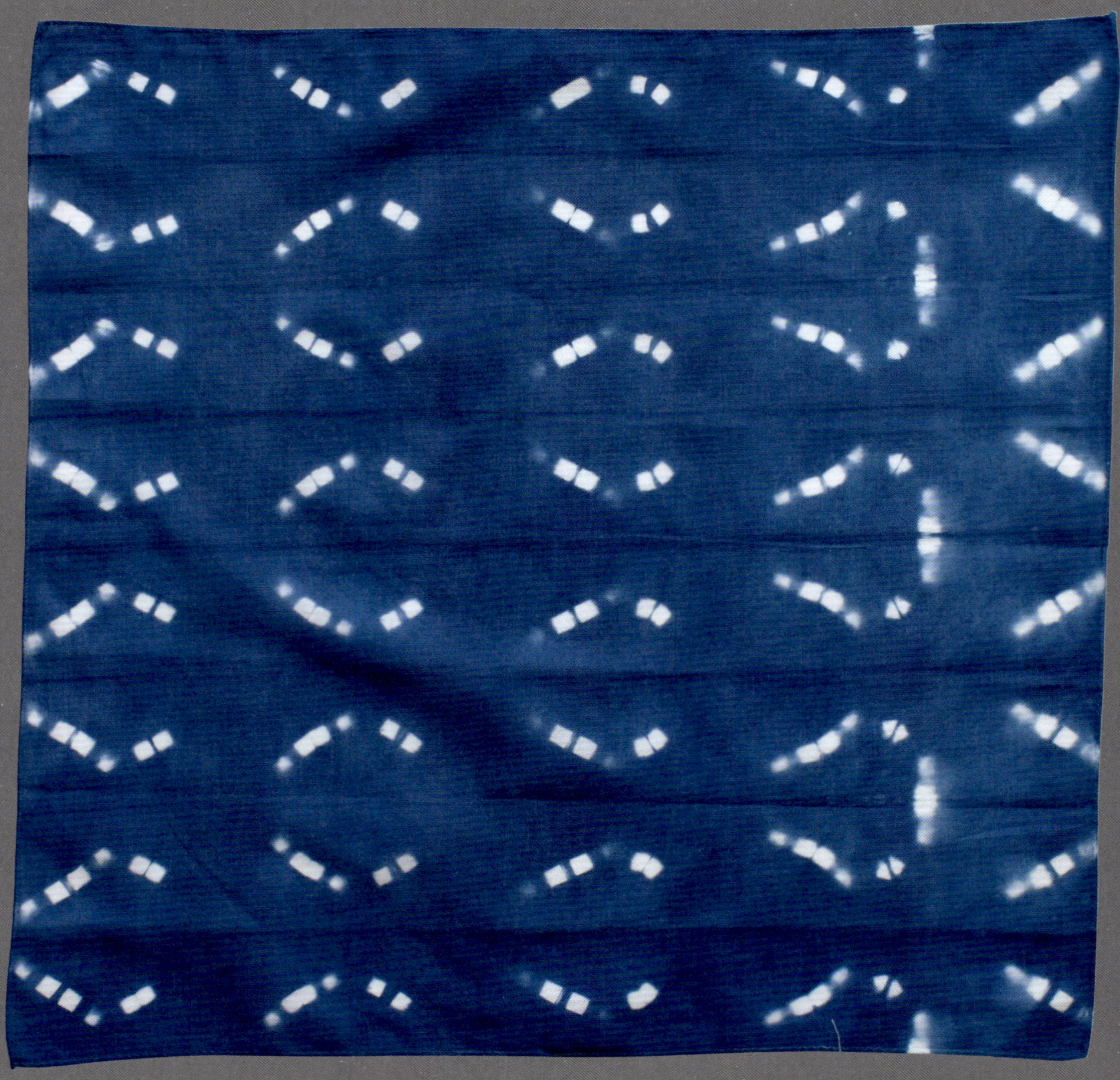

ハンカチを畳む

クリップでとめる

染める

洗濯バサミの板締めシャツ

布を畳んで、洗濯バサミとクリップでとめます。
素朴で可愛い柄ができます。

クリップでとめる

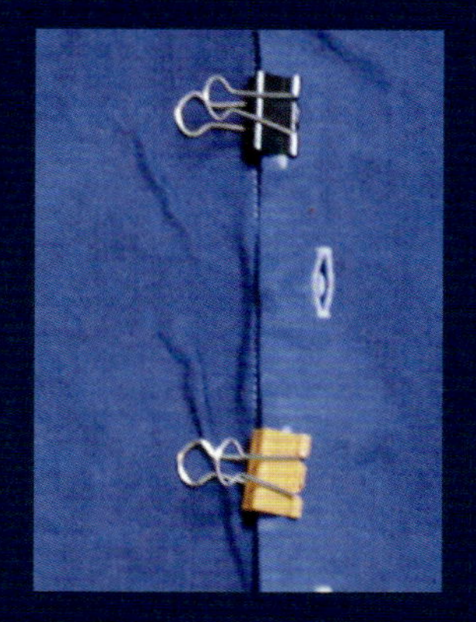

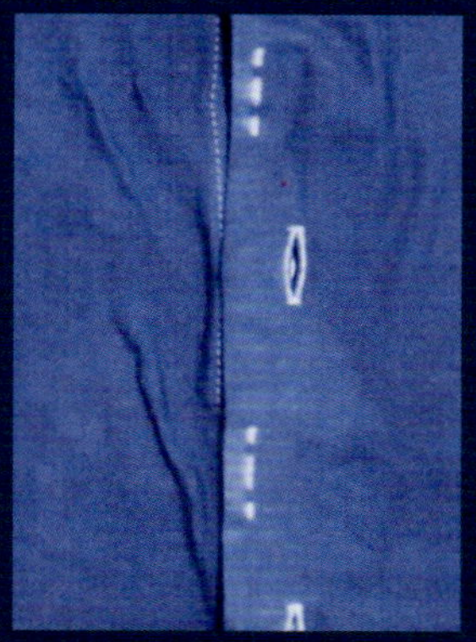

洗濯バサミでとめる

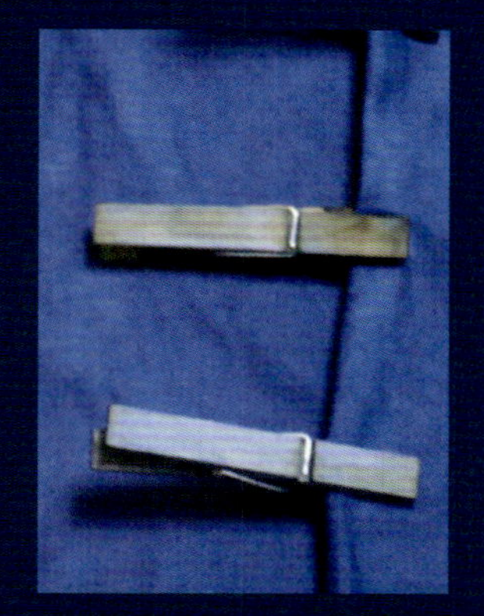

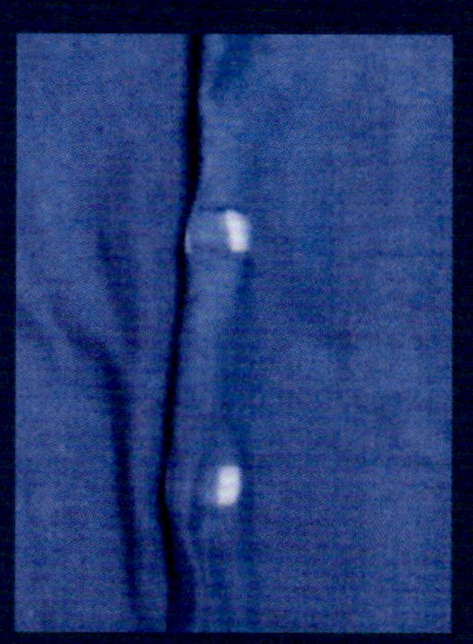

5章
その他の技法

輪ゴム絞り、三つ編み、
ペットボトルやホースを使ったり、
ユニークな柄の作り方です。

ペットボトルを
通して絞る

筒絞りの
シャツ

p86 参照

撮影環境や印刷により、実際の色とは多少異なります。p15「注意」も読んでおいてください。

三つ編み絞りの
ストール

p88 参照

筒絞りの仕方

布を絞る

1 袖の太さに近いペットボトルなどの円柱の筒を袖に入れる

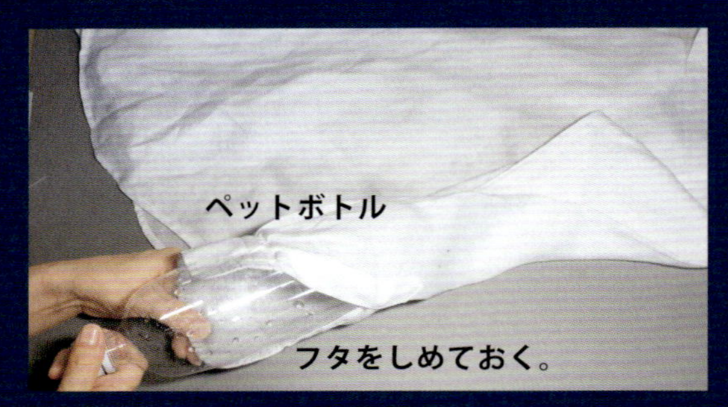

2 筒の上部を輪ゴムでとめ、布を上下からたぐり寄せ、なるべく均等にシワを寄せる

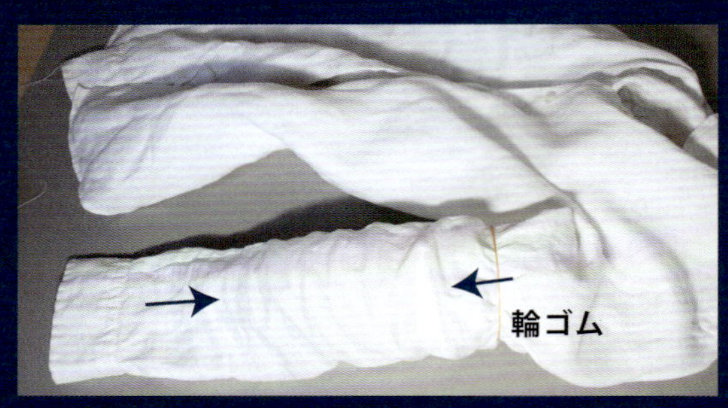

3 下側も動かないように輪ゴムでとめる

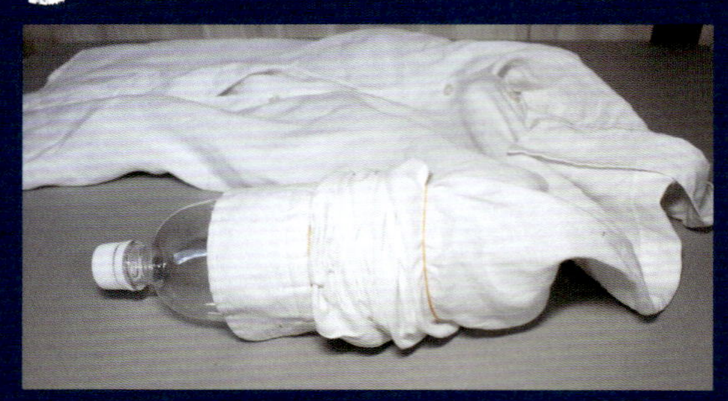

4 シワの部分の上から細かく糸か輪ゴムを巻きつける

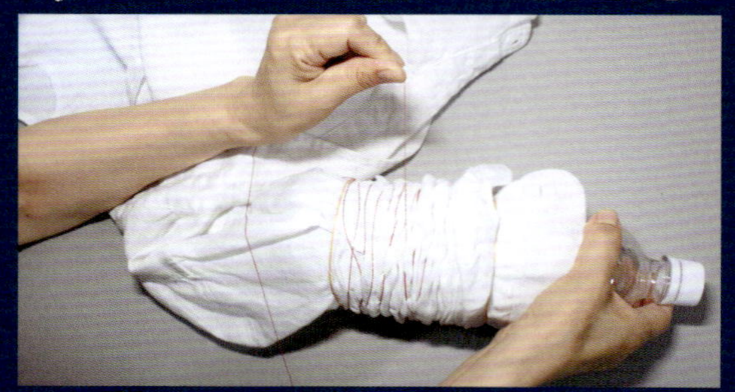

染める

1 水に浸してしっかり水を含ませ軽く絞ってから藍液に浸す

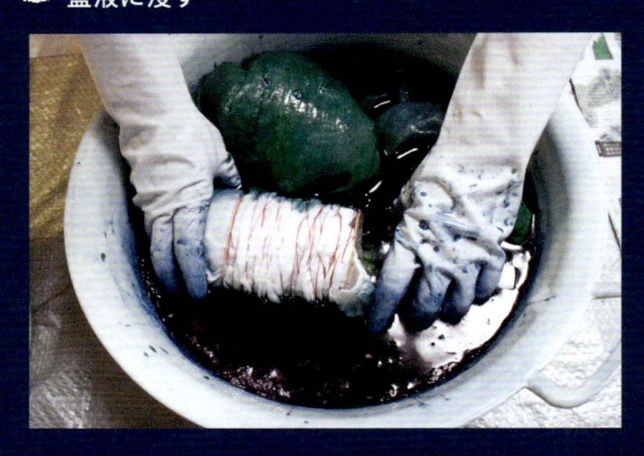

2 ペットボトルが浮いてこないように、上から押さえ、藍液に 3 分浸す

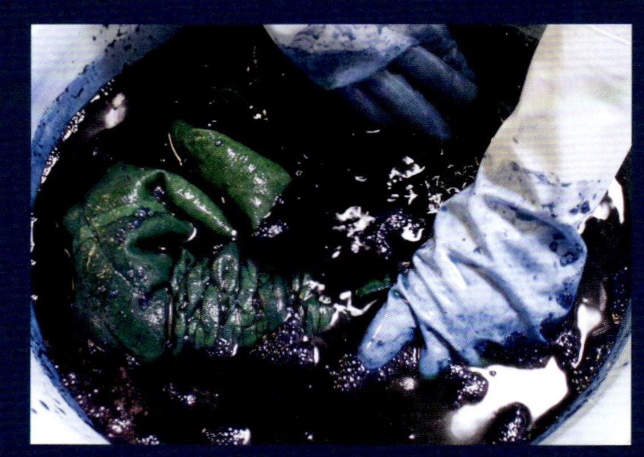

3 流水で洗い発色させる

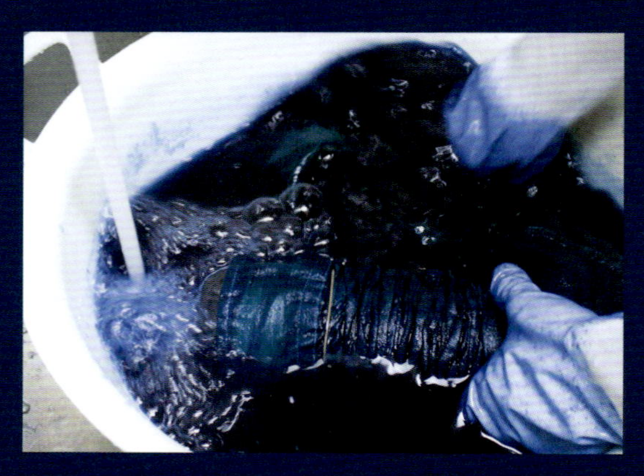

4 発色し、水に色が出なくなったら、
巻き付けた輪ゴムや糸を切る

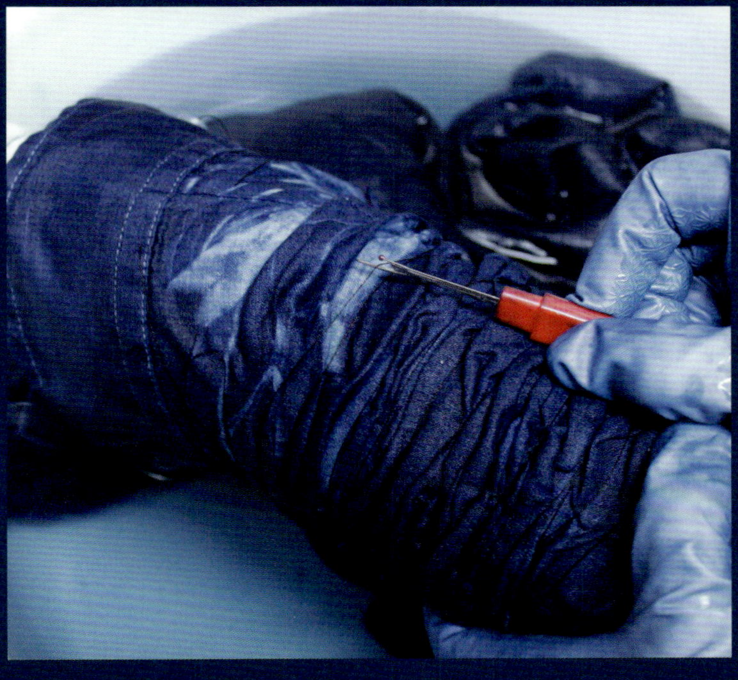

5 ペットボトルを取り除き、水洗い、湯洗いをする

三つ編みする

1 布を濡らす。正方形、長方形とも、対角を摘まんで布を引き延ばす

2 ねじってヒモ状にし、3つに折る

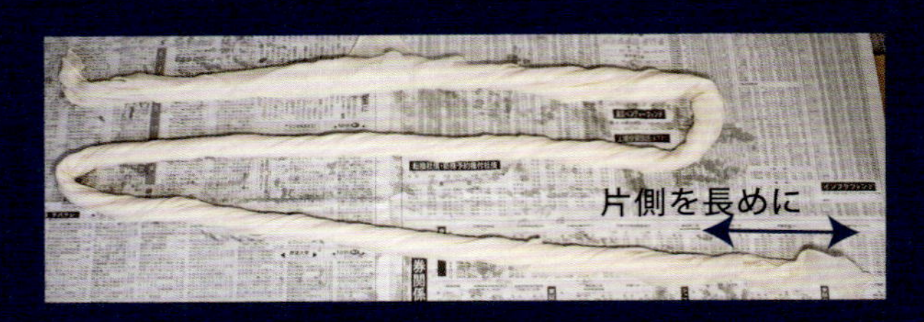

3 片側を束ね、洗濯バサミでとめて紐で引いておく

4 強めに三つ編みする

5 編み終わり

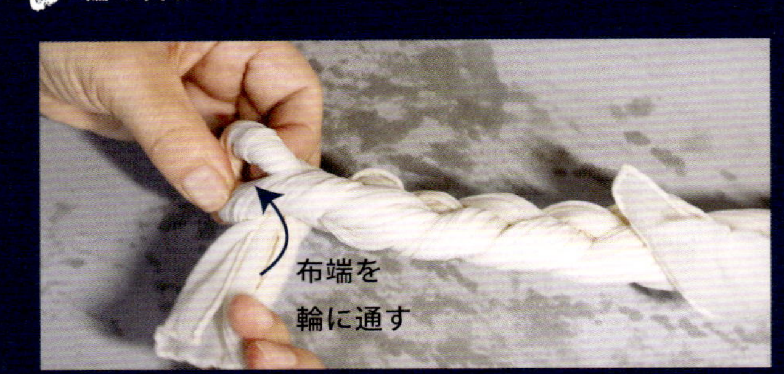

1 水に浸し、軽く絞り、藍液に浸す

2 ヒダを広げながら浸す

3 軽く絞り、手早く水に広げる

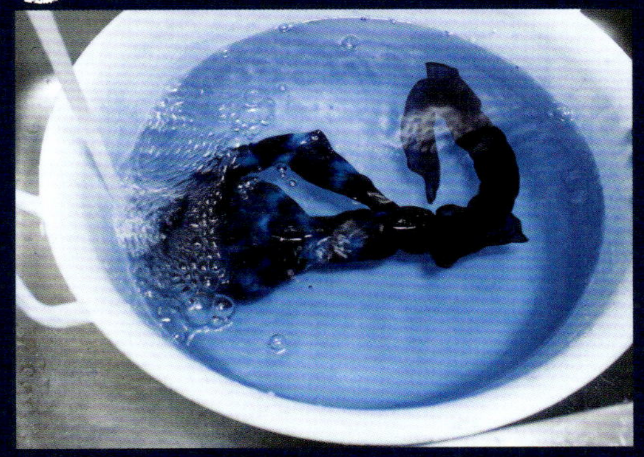

4 新聞紙に広げ、空気中で発色させる

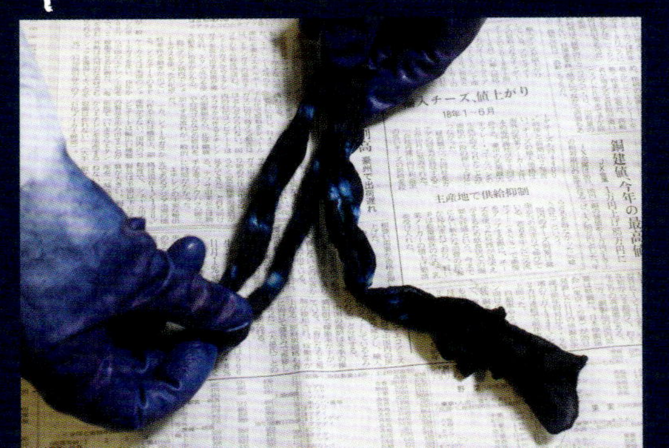

5 三つ編みを解き、水洗い、湯洗いする

アンモナイト絞りの
Tシャツとワンピース

布をくるくると巻いて
束ねて染める技法です。
巻き上がった布がアンモナイトのようで
こんな名にしました。
p92 参照

新聞紙の上に広げて空気中で発色

水色地の薄手素材のワンピースに
アンモナイト絞り。水中で発色

ンモナイトの絞り方

布を束ねる

Tシャツを平に広げ、渦の中心を決める

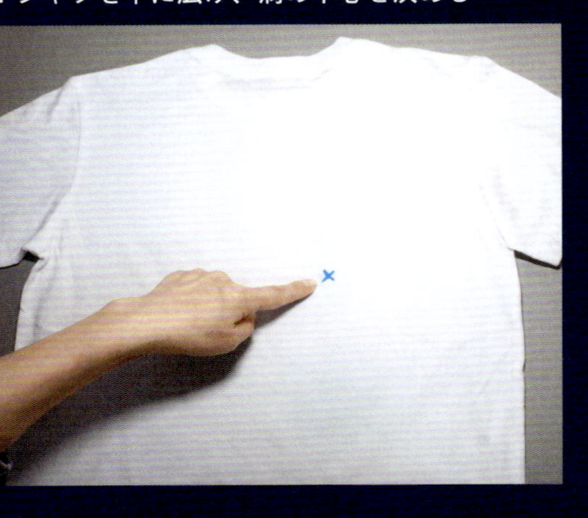

渦の中心を摘み、布はテーブルに押しつけるようにしながら、渦になるように巻く

3 布のヒダが均等になるように整えながら巻き進める

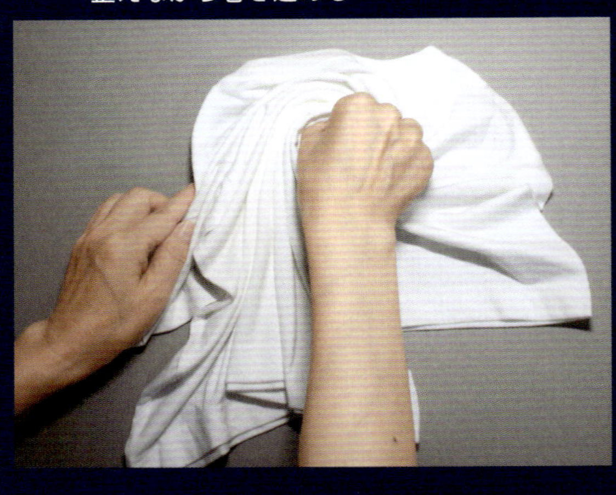

4 巻き終わりの布を形に沿って畳み込む

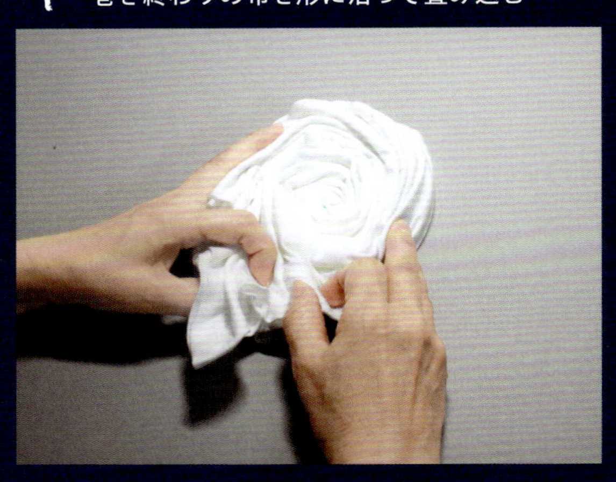

5 輪ゴムでとめる。

1 布を水に浸し、軽く絞って藍液に入れる。藍液が浸透するように揉み、ヒダの奥にも行き渡るようにヒダを開きながら染める

2 水に浸し、軽く水気をきる

空気で酸化

p26 参照

1 新聞紙に置き、挟んで、水分をとる

2 輪ゴムを外し広げた新聞紙の上に広げ、上から新聞紙を被せて水分を取る

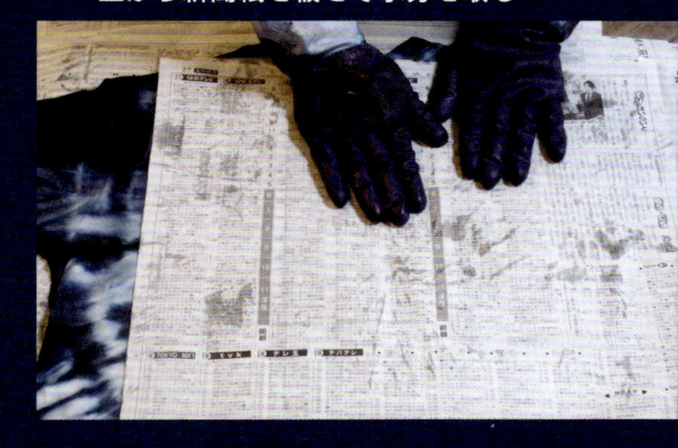

3 シャツを広げ、空気に当てて酸化させる。水洗い、湯洗いする

バンブー絞りのTシャツとストール

それぞれ、屏風畳みにして
ランダムに輪ゴムを巻いています。
絞った箇所が白く残り、
竹の節のように面白い柄に。
p96 参照

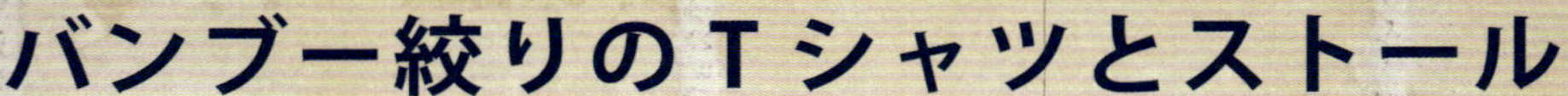

バンブー絞りの仕方

布を絞る

1 Tシャツを屏風に畳む

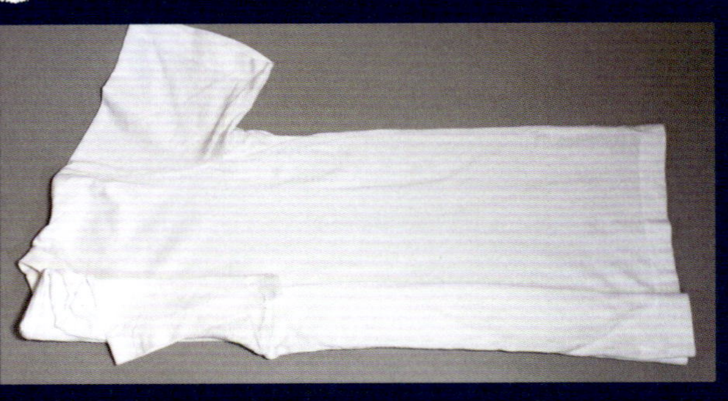

2 束ねた布を洗濯バサミでとめる。
絞りたい箇所に消せるペンで印を入れる

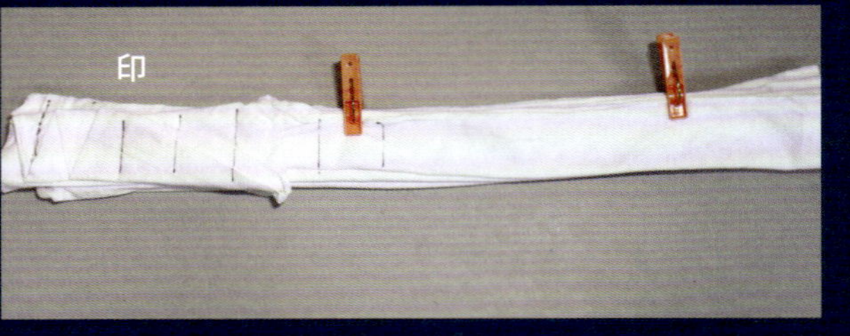
印

3 輪ゴムで絞る

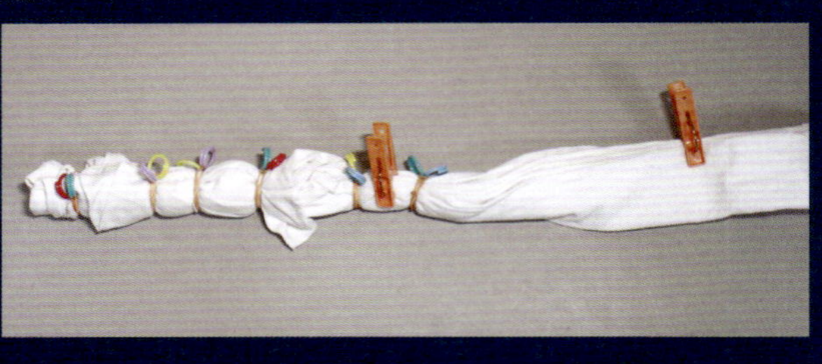

4 絞り終えたら、洗濯バサミを外す

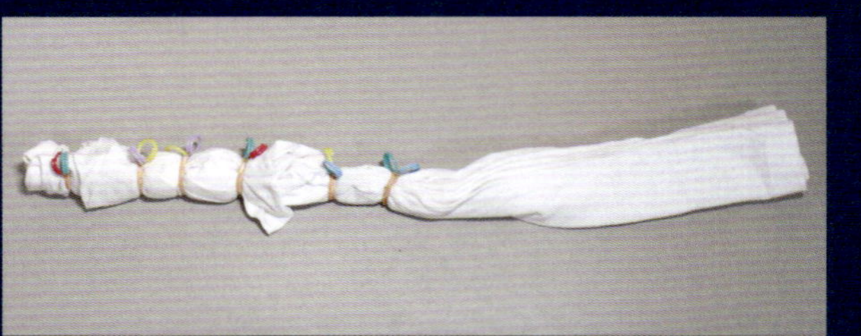

輪ゴムの巻き方

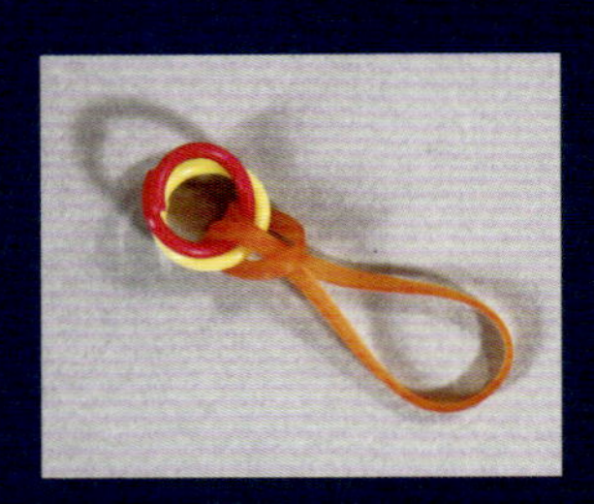

輪ゴムに
プラスチックの
チェーンリングを
つけておくと
絞りやすい

1 リングを布の上に置き、指で押さえる。もう片方の手でゴムを引く

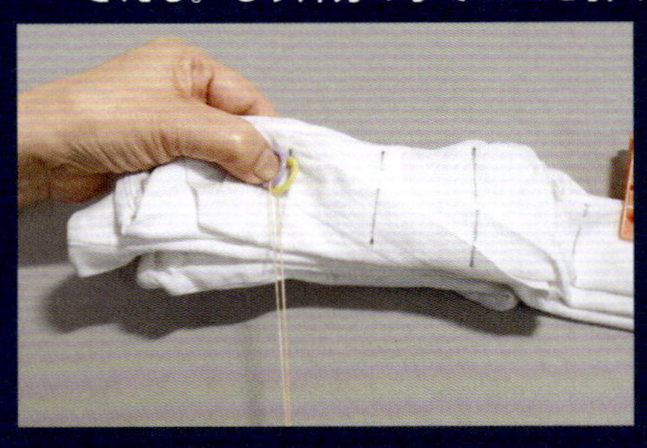

2 ゴムを強く引きながら布に巻く

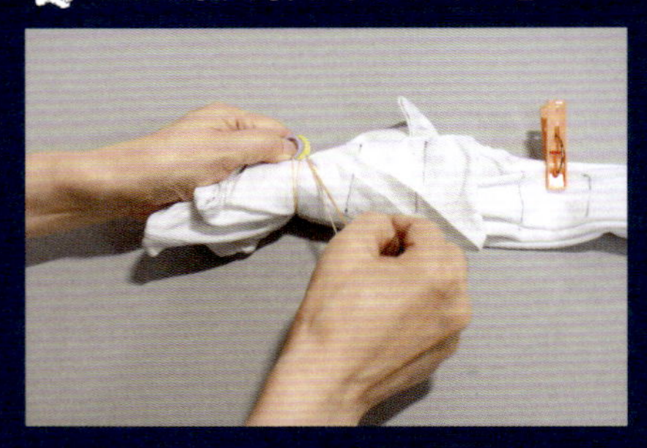

3 ゴムの端をリングにかける

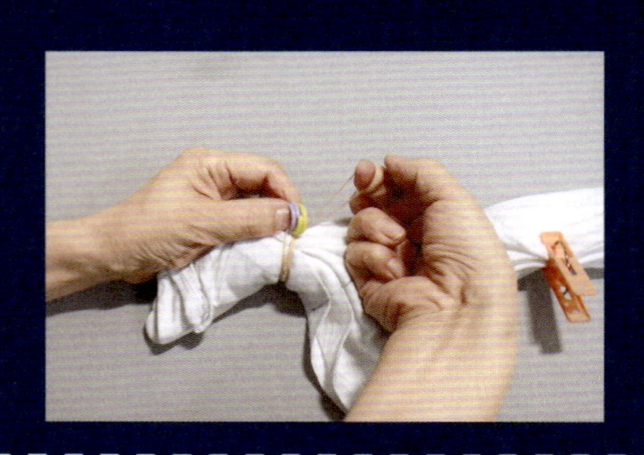

染める

1 水に浸して、しっかりと水を含ませ軽く絞る。
染めたい部分を藍液に浸す。
絞った部分を揉んだり、ヒダをめくって
藍液をヒダの間に行き渡らせる

2 水に浸して藍を軽く落とす

3 流水で洗い、発色したら輪ゴムを外す

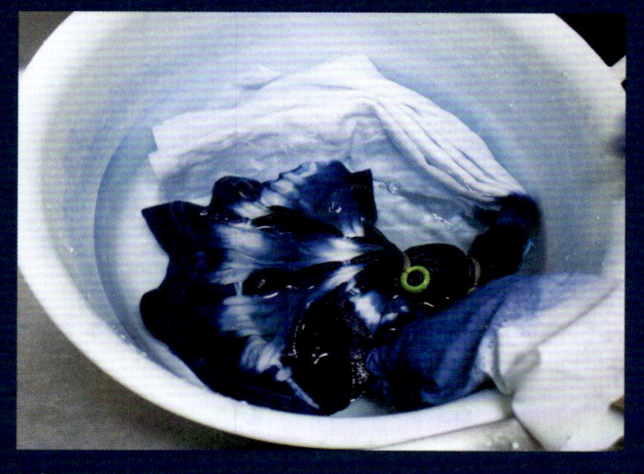

4 水洗い、湯洗いする

バンブー絞りのジーンズ

絞りたいところに線を引き、
布を細かなヒダになるようにたぐり寄せ、
ガイド線の箇所をリング付きの輪ゴムで
きつく絞る

バンブー絞りのジーンズ

絞り方 p96

巻き上げ絞りのジーンズ

絞り方 p100

輪ゴムの巻き上げ絞りの仕方

1 絞りたいところに消せるペンで線を入れる

2 裏側から中央の印に向けて
割箸を刺し込む

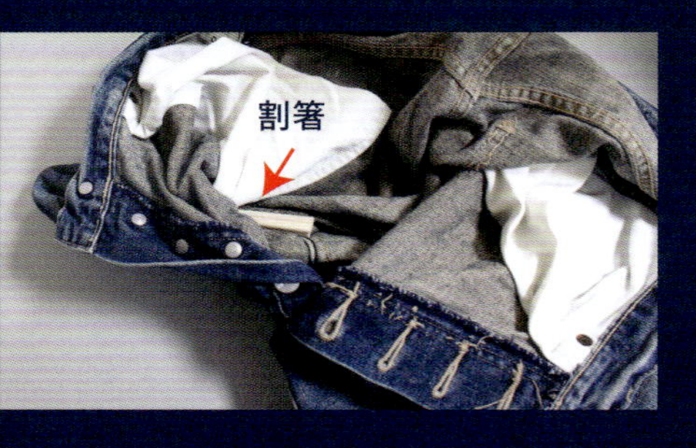

3 先端をにぎり、もう片方の手をずらしながら均等にヒダを寄せる。ヒダはなるべく細く均一に入るように束ねる

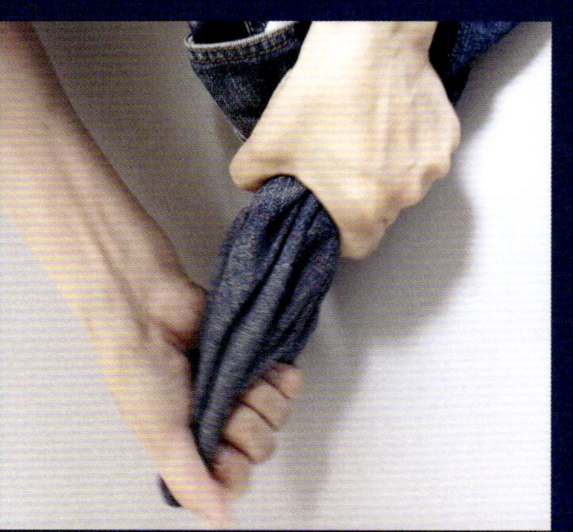

4 リングを付けた輪ゴムを使う。p96 参照
絞ったヒダを真っ直ぐに揃える。
輪ゴムのリングを線の上で押さえ、
ゴムを引っ張りながら線の上をきつく巻く

さらに別のリング付きの輪ゴムで
先頭に向かって巻き上げていく

5 水に浸し、しっかりと濡らす

6 藍液に3分間浸す。
布が厚いのでヒダの裏まで液がしみにくい。揉んだり、ヒダを開いたりしてしっかりと藍液を行き渡らせる

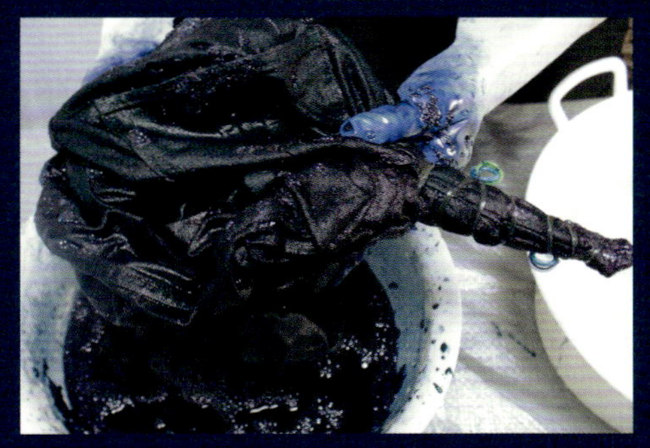

7 水に浸して軽く藍液を絞り、
流水で水洗いする

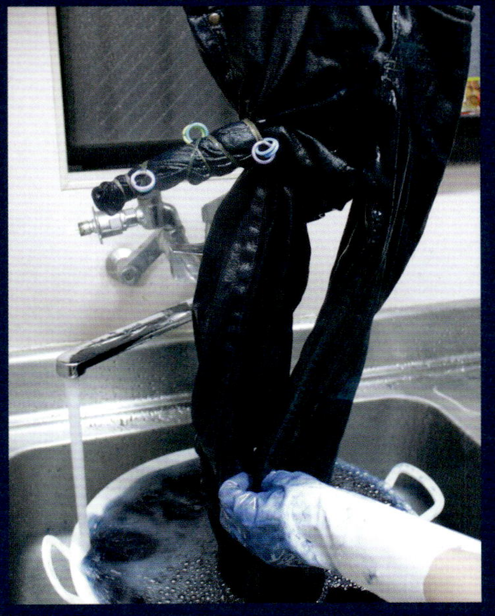

8 発色したら、輪ゴムを外す。
切ったゴムが飛ぶことがあるので注意

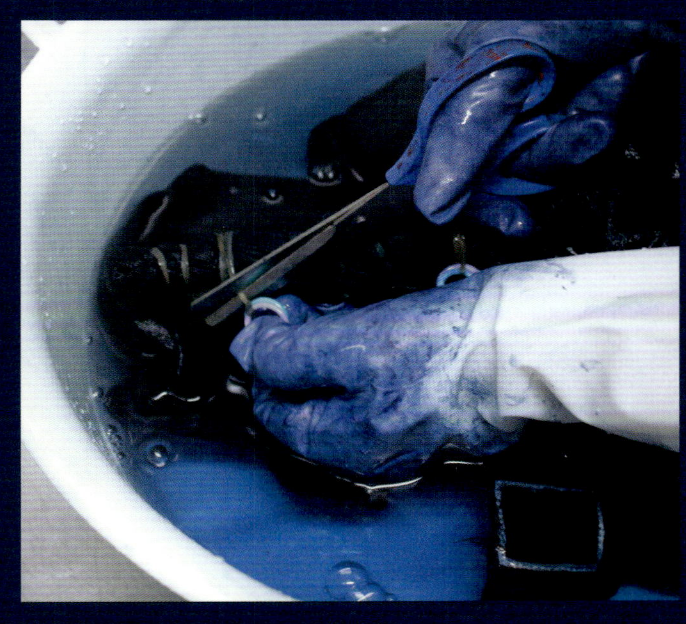

9 絞った箇所を広げ、内側もしっかりと発色させる。
発色したら、水洗い、湯洗いする

ウエーブ絞りのTシャツ

縫わずに、布を下絵の曲線に沿って
手繰り寄せ、輪ゴムでとめます。
p104 参照

新聞紙の上に広げて空気中で発色

水洗いして水中で発色

ウエーブ絞りの仕方

布を絞る

1 Tシャツを平らな場所に広げる。
絞りたいところに消せるペンで線を入れる

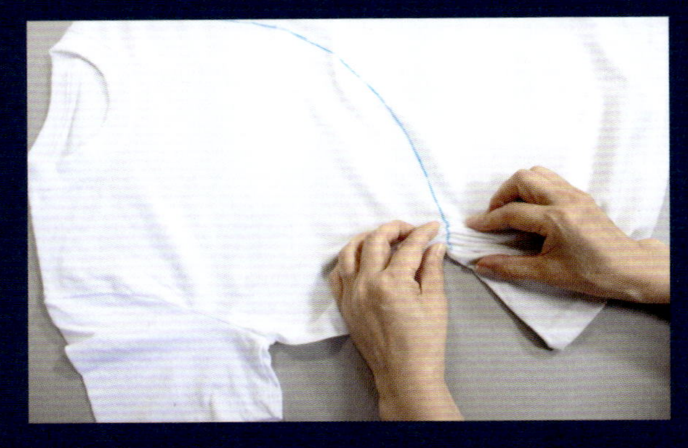

2 線に沿って細かく摘みながらヒダを寄せる

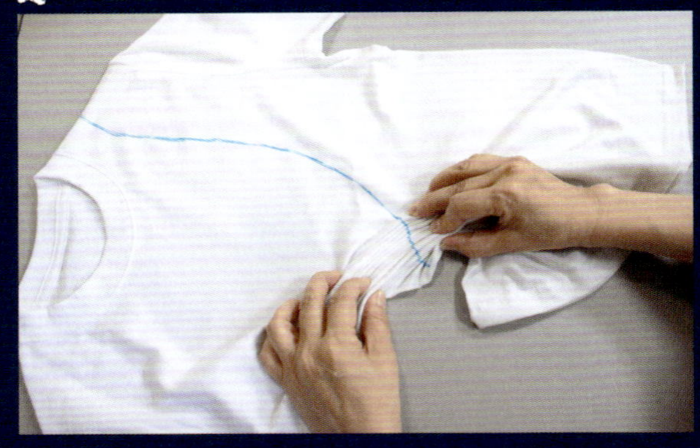

3 線を真っ直ぐに揃える

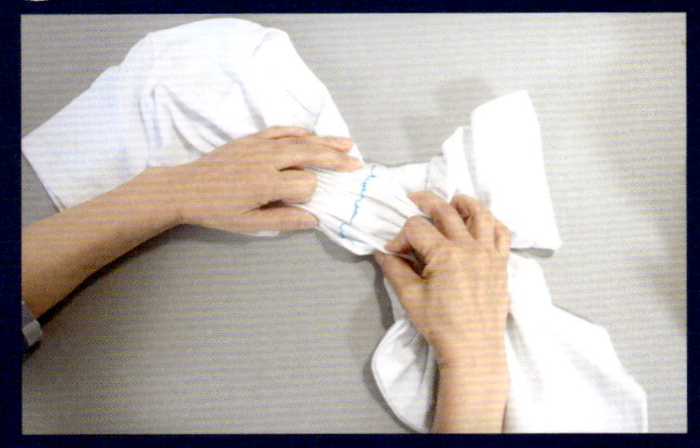

4 リングを付けた輪ゴムで線の上を巻き絞る。
輪ゴムの巻き方 p96 参照

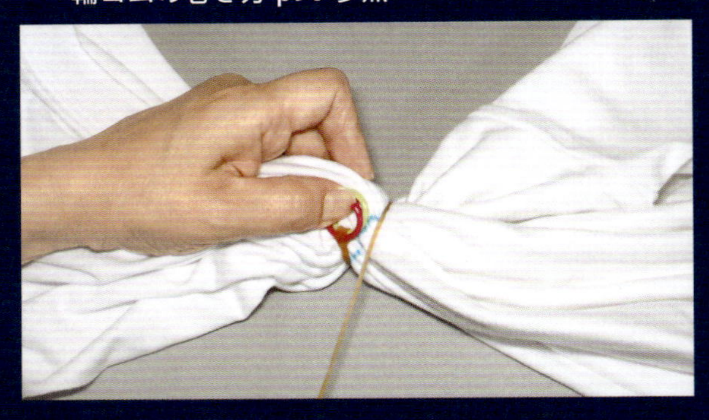

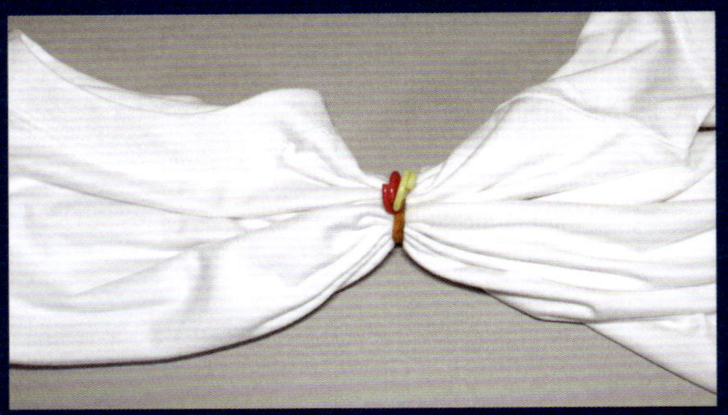

5 輪ゴムの上に糸をかけ、白く残したい方を糸で巻き上げ、巻き下ろす。
輪ゴムより糸の方が、細い線が繊細に出せる

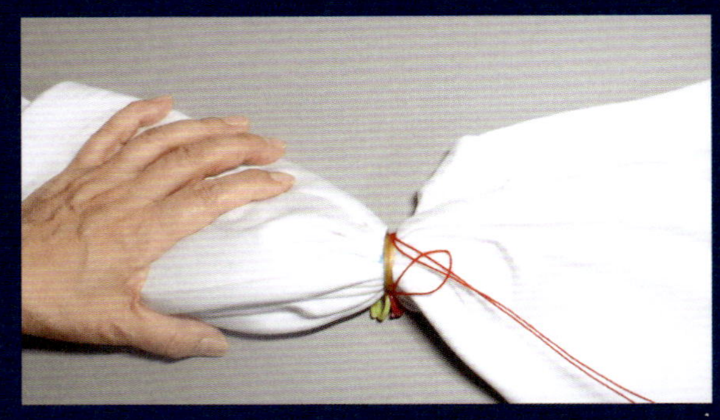

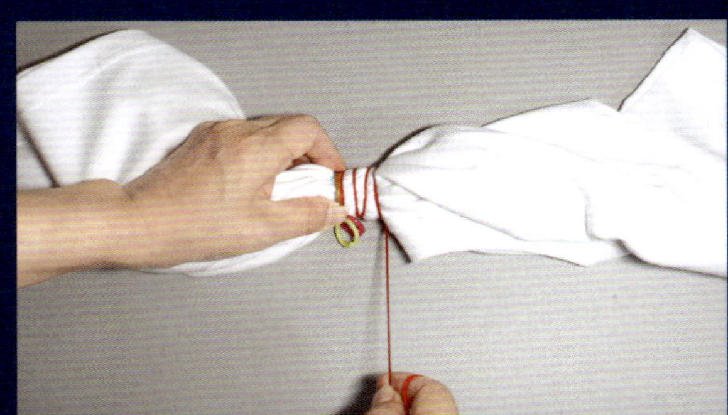

6 最後に巻いた糸の輪の中に糸端を通し、引いて絞る

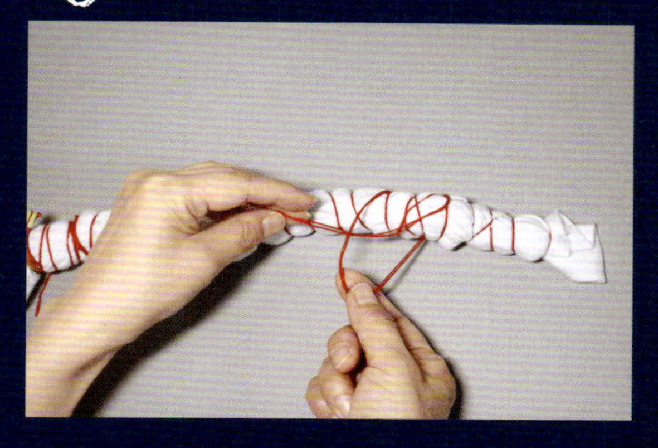

7 絞り終わり。水に浸し、軽く絞って藍液に入れる

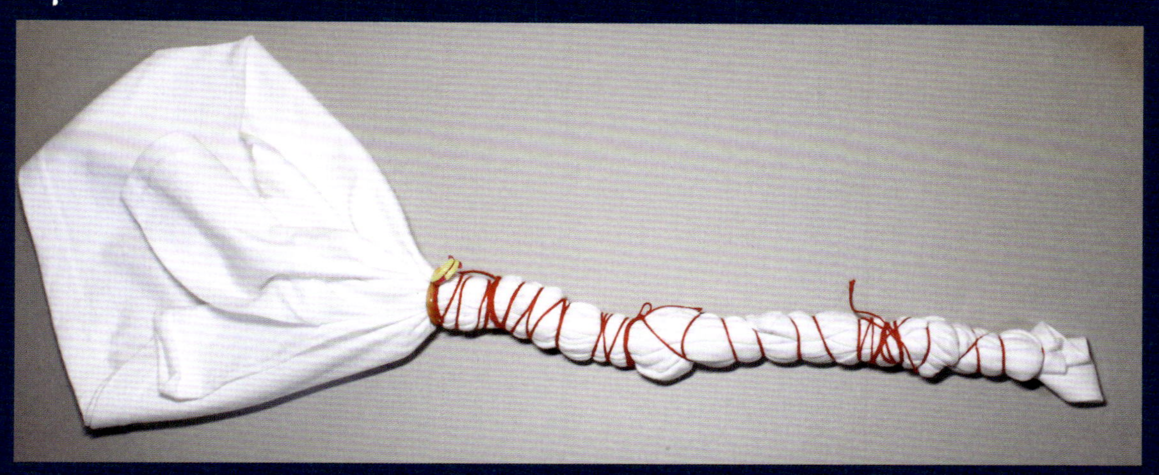

8 染色後、水洗いし、発色したら糸を切る。水洗い、湯洗いする

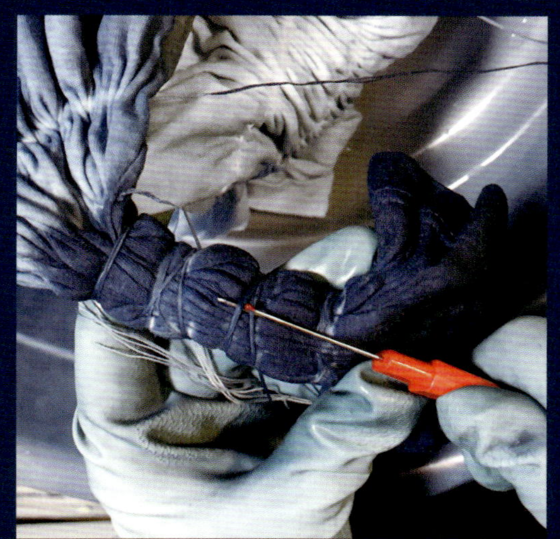

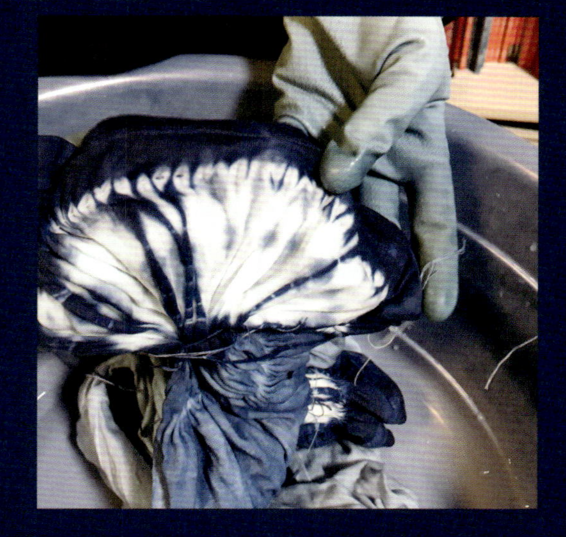

ホース絞りののれん

大きな布にはホース、小さな布は洗濯用の紐というように、太さを使い分けてください。

ホース絞りの仕方

1 濡らした布の上に斜めにホースを置き、柄を入れたい位置まで、きつめに布を巻いていく

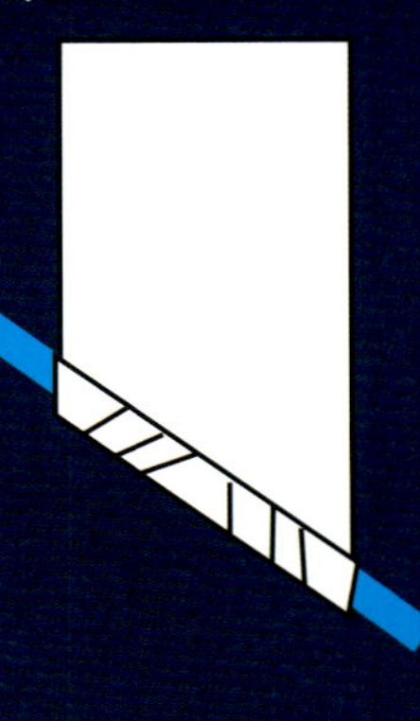

2 ホースの片側に紐を結び、布にシワを寄せ、片方に寄せる

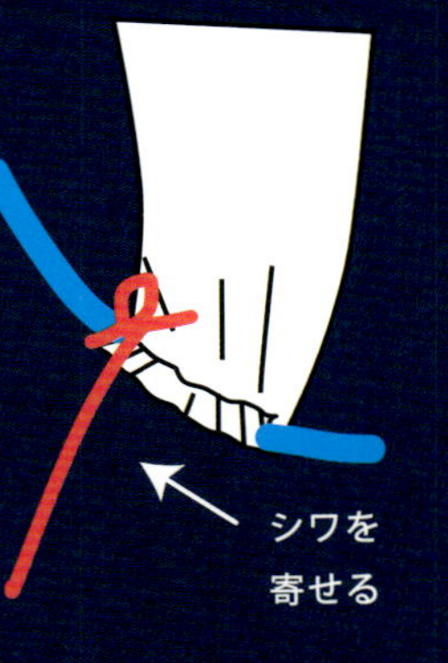

3 シワが緩んだり、広がらないように紐を回して結ぶ

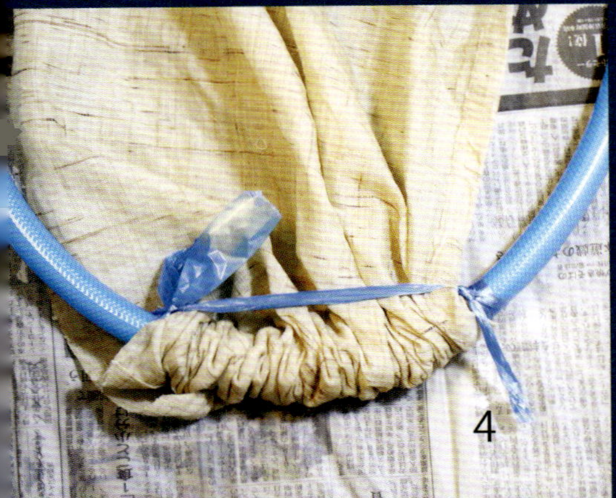

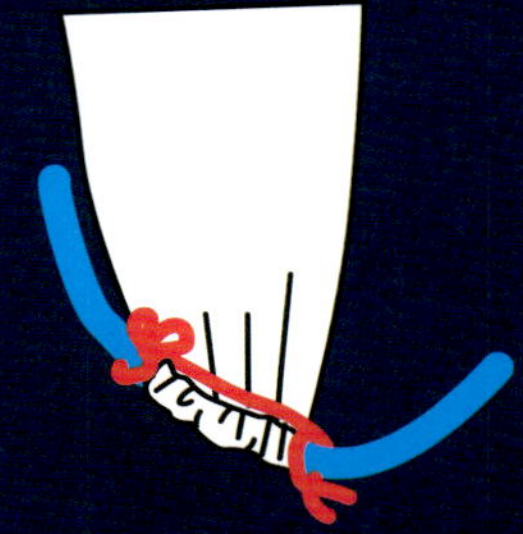

しっかりシワを寄せて、反対側で結んでとめる

4 ホースを輪にして交差させて持ち、藍液に浸す

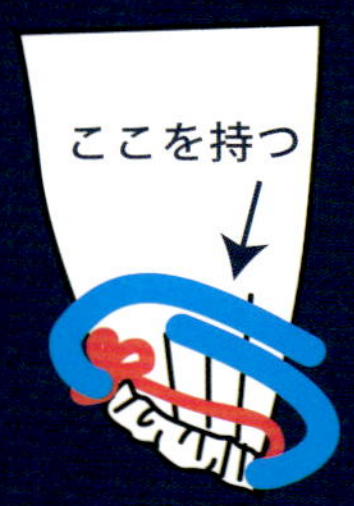

5 水洗いし、発色したら、紐を外し、広げる。水洗い、湯洗いする

6章 いろいろなものを染める

木綿や麻以外の素材・色柄もの・立体物

まず、藍染の面白さを見てください。
藍は、いろいろな素材が染まります。
この章では、様々な染色方法を用いて
藍染めの面白さを表現したいと思います。
藍染は１章の基本を、白抜きやむら染め等の方法については、
次の各技法のページを参照してください。

地色に藍色が
重なった色に
染まります

フェルトの板締め絞り

ウールの染め方 p111
板締め絞りの基本 p68
参照

撮影環境や印刷により、実際の色とは多少異なります。p15「注意」も読んでおいてください。

ウールのストールの板締め絞り

紺屋藍は、ウールも簡単に
染めることができます。
板締め絞りの基本
p68 参照

ウールの染め方

木綿や麻の染めと同じ手順ですが、
お湯を使うことと、染色後に酢に浸けることが必要です。

★本書では、色々な技法や大きな布を染めるため、
扱いやすく作業性のよい 40 度程度の湯を使って染めます。

1 染めるものを湯に浸す

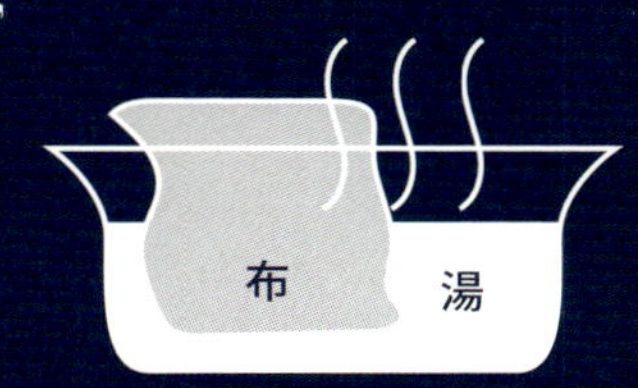

布にダメージが加わりやすいので、
強くかき混ぜない

2 藍液を作る。
水の代わりに 40 度位の湯に
藍液と藍溶解剤を入れて混ぜる

布や藍液の温度が下がらないうちに染める

基本と同様の手順で染めていく

↓

3 湯を軽く絞り、藍液に浸す

4 湯を入れたバケツに取り軽く洗う

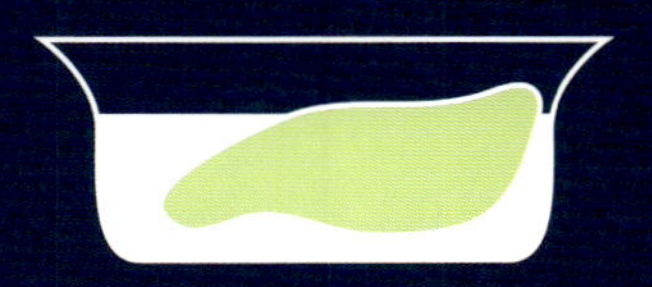

5 流水の湯ですすぎ、
発色させる

6 熱めの湯（湯沸し器の湯　約 70 度）に
浸して、色が出なくなるまで静かに洗う

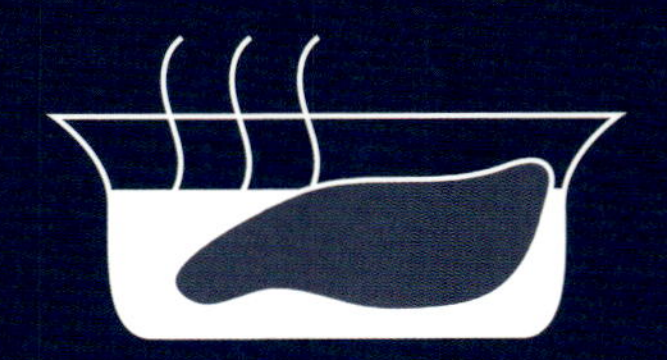

仕上げ（酢に浸す）

↓

7 湯 3 ℓ に大さじ 2 杯のお酢
（1 ℓ に約 10 mℓ）を入れ、
染めた布を 10 分間浸す。
再度、しっかり湯洗いをする。
必要に応じて「藍色止め剤」で
仕上げる。布が固く感じたら、
柔軟剤に浸ける

板締め絞り

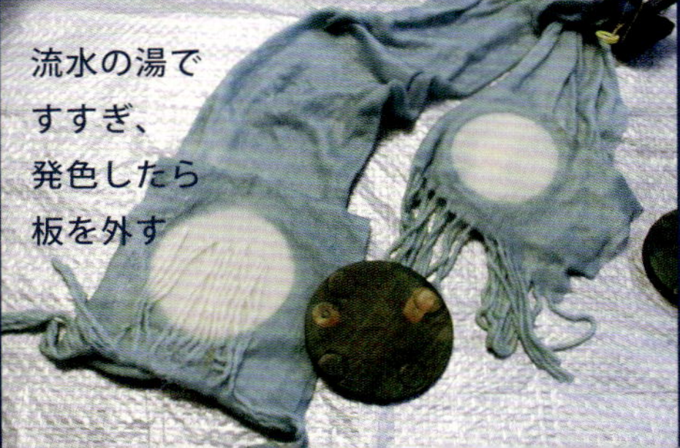

流水の湯で
すすぎ、
発色したら
板を外す

お酢液に浸す

セーターの巻き上げ絞り

グレー地のウールのセーターを藍染しています。
ウールの染め方 p111
身頃は菱形に縫って絞り、
p60、64 参照
袖は、バンブー絞り。
輪ゴムの代わりに
縫って絞り、
糸で巻き
上げています。
p96 参照

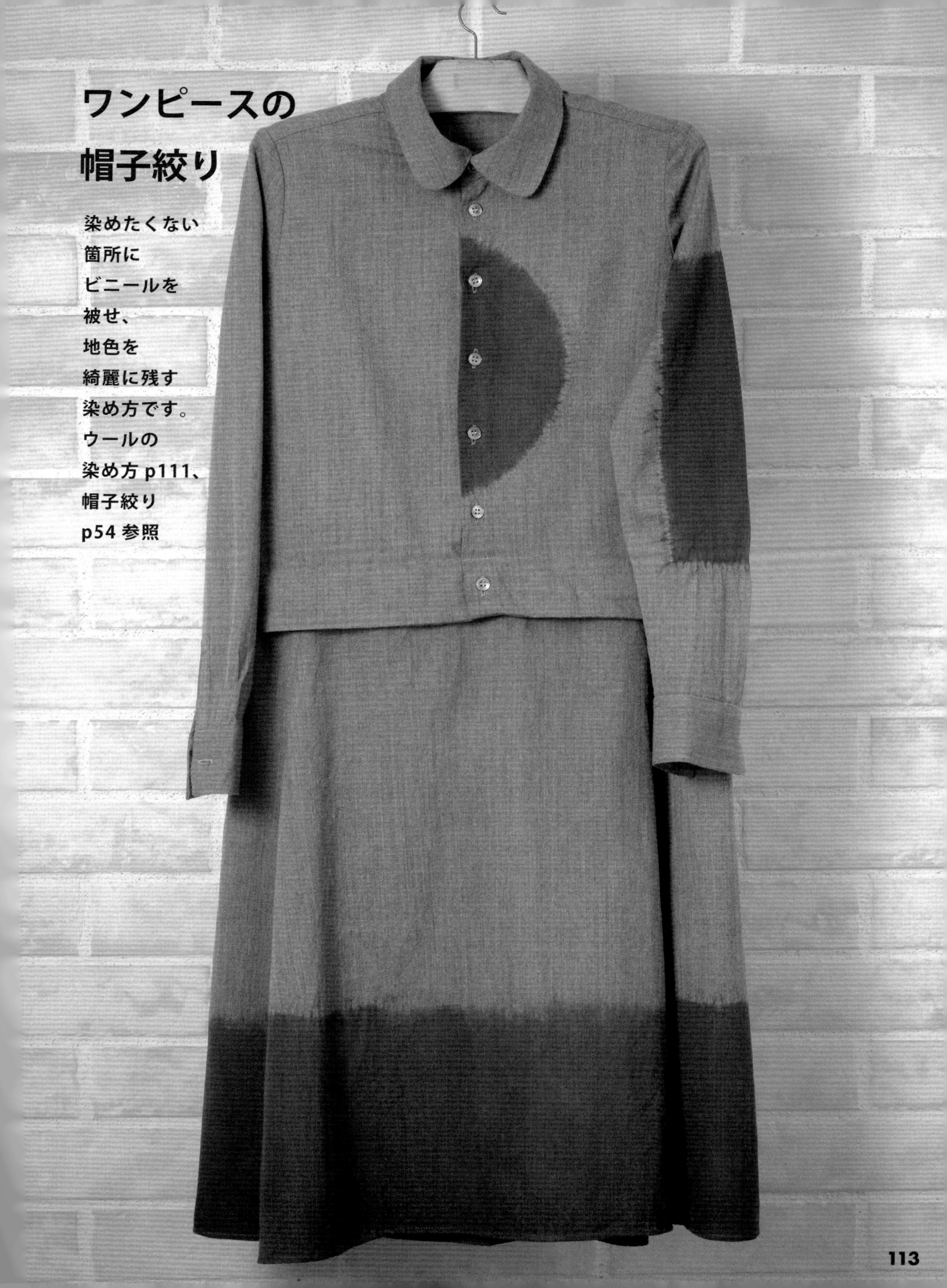

ワンピースの帽子絞り

染めたくない
箇所に
ビニールを
被せ、
地色を
綺麗に残す
染め方です。
ウールの
染め方 p111、
帽子絞り
p54 参照

絹ストールの
板締め絞り

1 屏風畳みして、板で絞る。淡い色で染める

2 クランプを付けたまま流水で発色させ板を外す

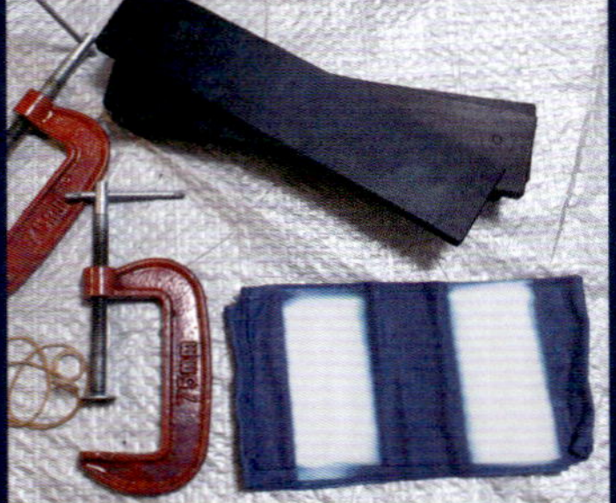

3 布を畳んだまま前回とは対角に板で絞る

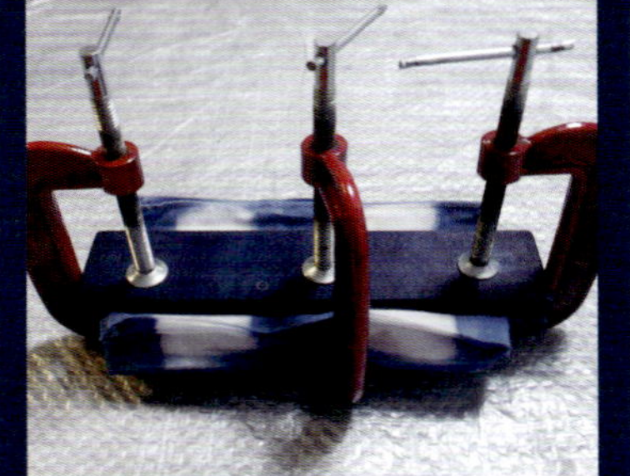

4 濃い色で染める。板を外し、水洗い、湯洗いする

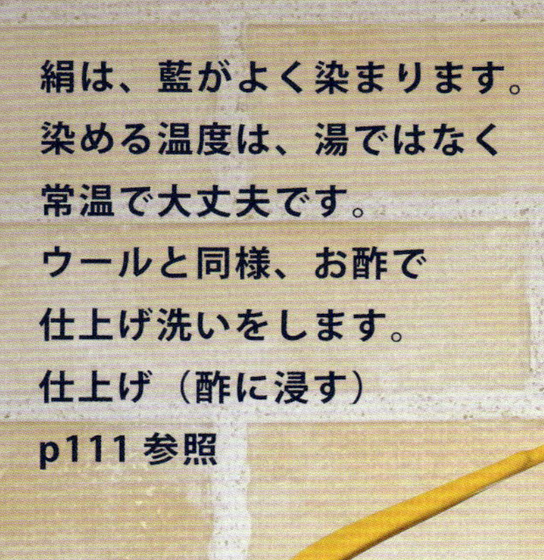

絹は、藍がよく染まります。
染める温度は、湯ではなく
常温で大丈夫です。
ウールと同様、お酢で
仕上げ洗いをします。
仕上げ（酢に浸す）
p111 参照

左右の２点とも
布を畳んで
板締め絞り
しています。
板締め絞りの
基本 p68
板締め絞りの
重ね染め
p71 参照

1 屏風畳に正方形に四角く畳む。板で挟んで絞る

２色目
１色目

2 淡い色の藍液に片側を浸し、水洗いして発色させる

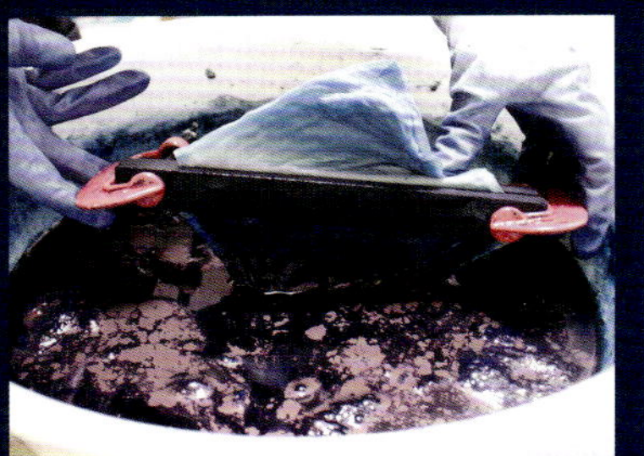

3 濃い色の藍液に色もう一方を浸し、水洗い、湯洗いする

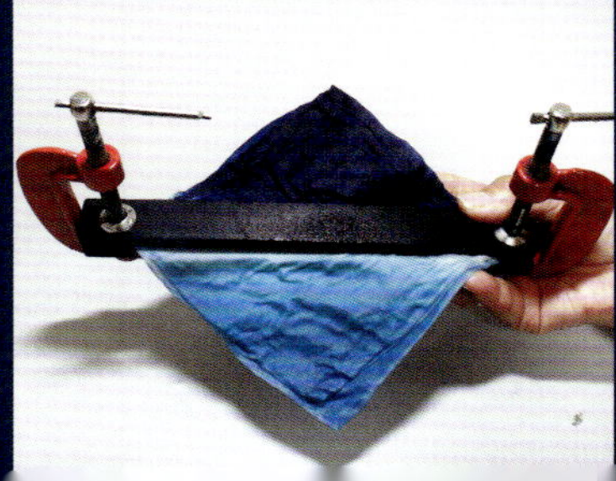

カーキの服

色柄ものは素材色に対して
地色＋藍色で
染まります。

防水加工等の加工があると染まらないので、
一旦水に浸け、水がしっかりとしみるかどうか
確認してください。

藍液に浸す際、ファスナーやボタンは
開けておいた方が布が広げやすくなるので、
まだらにならずに均一に染まります。

柄のある服

チェックと
ストライプの服を
染めました。
左右ともに
板締め絞り
p68、p76 参照

扇型に畳んで、
星や長方形の板で
挟んでいます。

屏風に畳んで、
星や長方形の板で
挟んでいます。

ジーンズの藍染と抜染

裾のみ藍液に
浸しています。

下絵を描く

クロルライト糊を
容器をつまんで
吸い上げる

クロルライト糊で描き、
糊が乾く前に、日光に
当てる。脱色後すぐに
流水で洗い、
完全に糊を落とし、
湯洗いする

容器に入れた
クロルライト糊で
文字を書き
抜染しました。
p143～145 参照。

チノパンの抜染

藍染したチノパンを
容器に入れた
クロルライト糊で
イラストを描き、
抜染しました。
p121、
p143～145 参照

ホワイトジーンズの防染

ホワイトジーンズに
ロウで足跡を描き、
藍染しています。
p161〜163 参照

スニーカーを染める

防水加工等の加工をされていない、木綿素材のスニーカーは、
藍染できます。靴の内側まで染めると、靴下も藍に染まります。

1 水に浸す。この時、水がしみないものは防水加工されているので染まらない

2 染めたい部分だけを藍液に浸しそのまま３分浸しておく

3 少し藍液を切ってから、持ち上げる

4 水洗いで発色させ手から、湯洗いする

もう片方は、ソール側を下にして染めました。

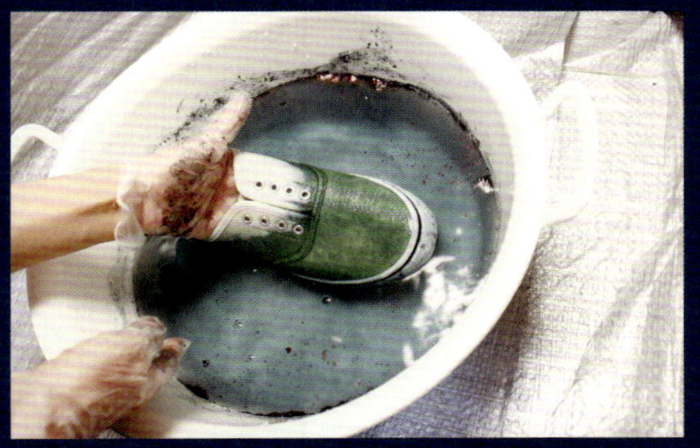

スニーカーを染める 2

p125 参照

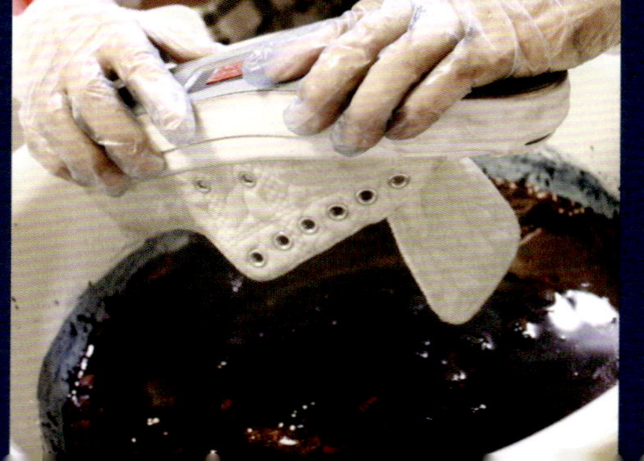

スニーカーのろうけつ染め

ロウでスパッタリング。
p125、
p161〜165 参照

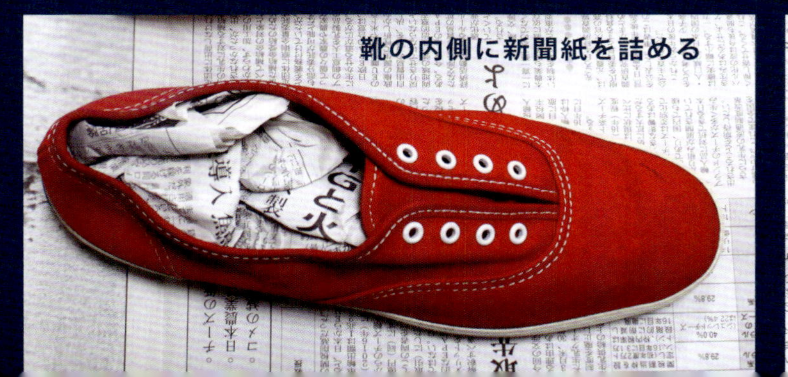

靴の内側に新聞紙を詰める

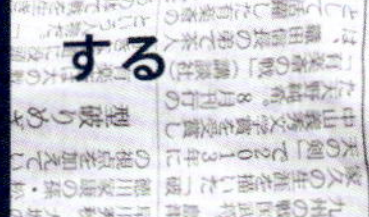

新聞紙で
カバーして
ロウで
スパッタリング
する

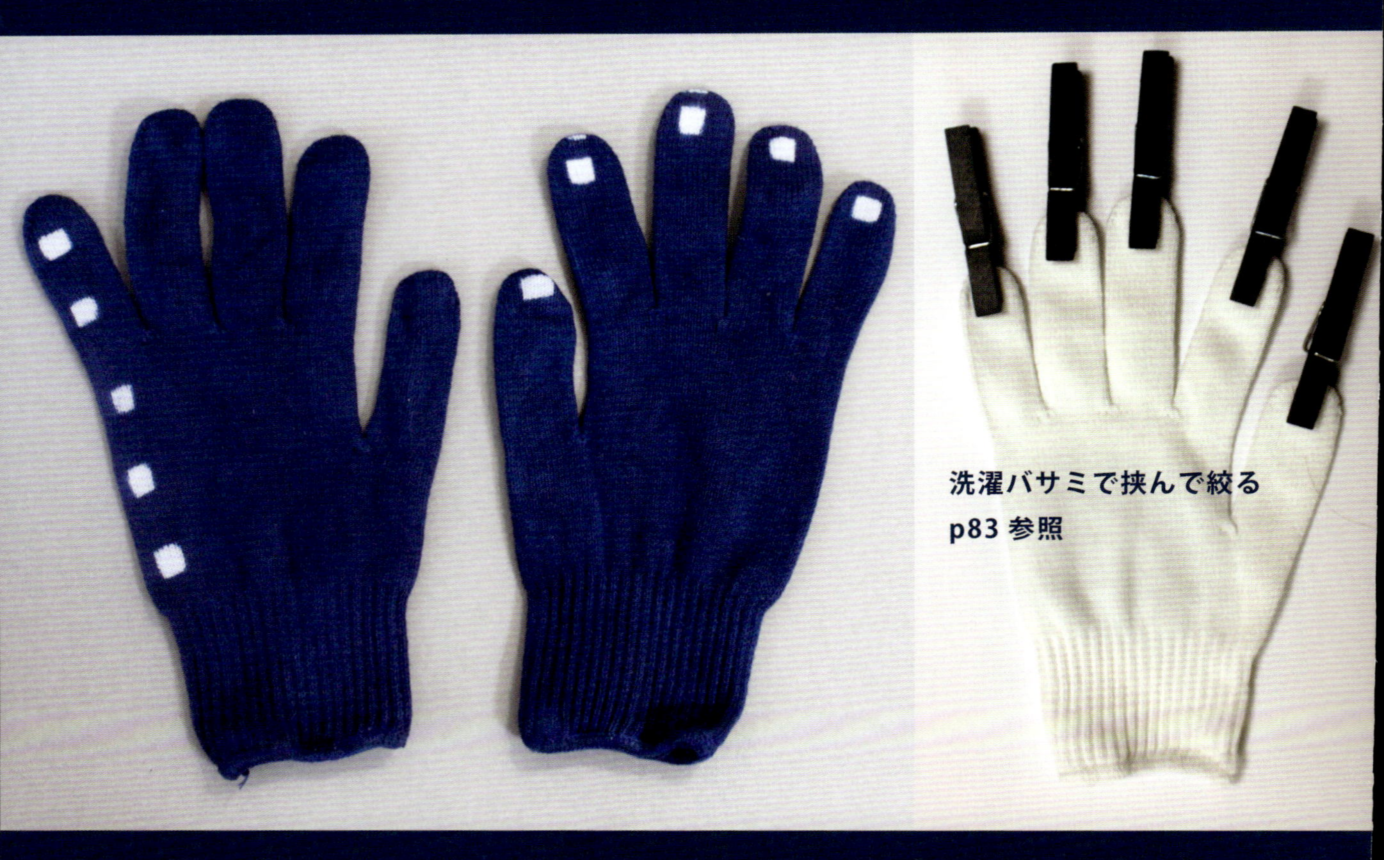

洗濯バサミで挟んで絞る
p83 参照

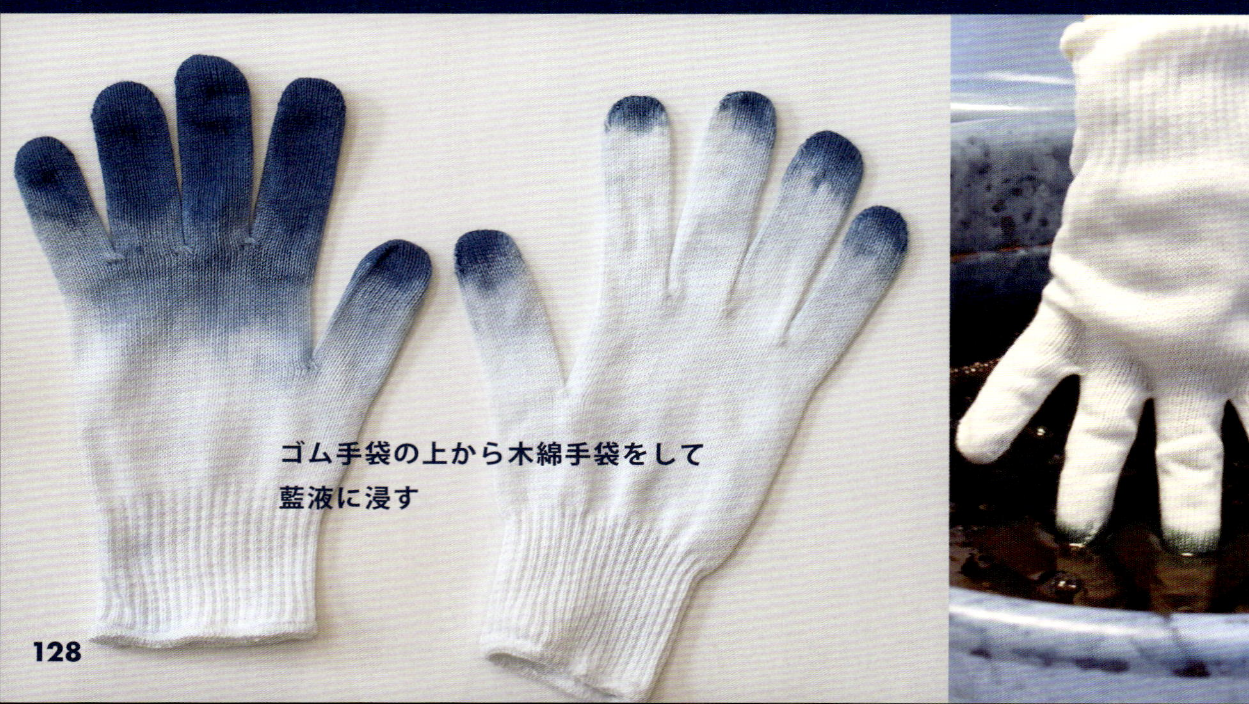

ゴム手袋の上から木綿手袋をして
藍液に浸す

糸で巻き上げ絞り p60 参照

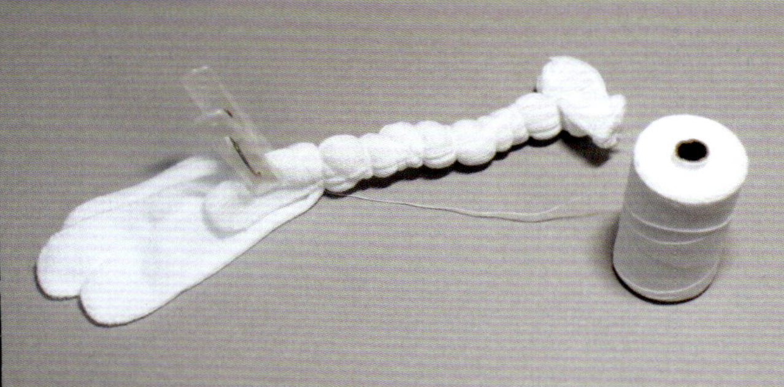

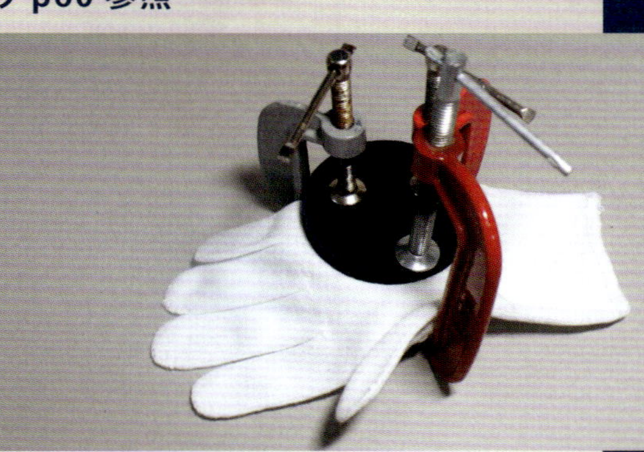

板締め絞り p68 参照

糸を染める

糸は、カセの状態で染めます。

1 糸を輪にして巻き、両端をとめる

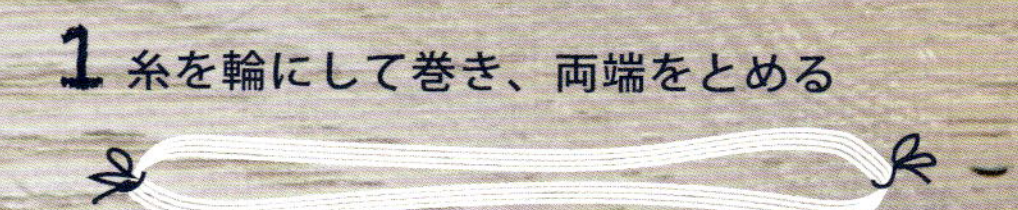

2 染色中に糸が絡まないように、

束ねた糸を割って、別の糸で8の字を描くように結ぶ

キャップの巻き上げ絞り

頭のてっぺんに向けて
棒（割箸）を刺し、
手で握って絞り、
輪ゴムでとめます。

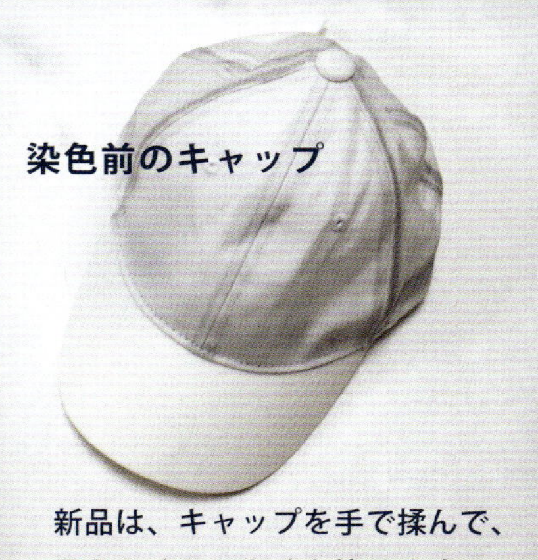

染色前のキャップ

新品は、キャップを手で揉んで、
柔らかくしておくと染めやすい

1 割り箸を刺し、輪ゴムでとめる
輪ゴムの巻き方 p96、
輪ゴムの巻き上げ絞り p100 参照

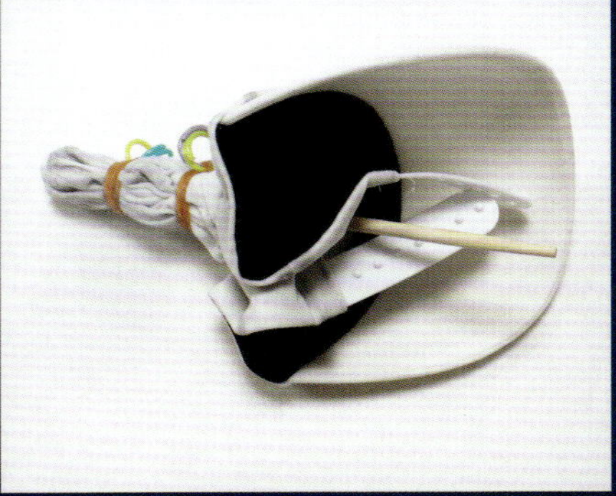

2 水に浸す。揉んでしばらく浸す

ここでしっかり水がしみない
ものは染まらない

3 藍液に浸す。絞った布のヒダの間に、
しっかりしみるようにする

4 流水で発色させる

5 輪ゴムを外し、水洗い、湯洗いする

キャップのろうけつ染め

ベージュ色のキャップにロウで
図案を描き、
やや明るめの藍液に浸して
染めています。
防水等の加工が
ありそうな場合は、
ロウで描く前に、
水を弾かないか
確認して
ください。
p161〜163
参照

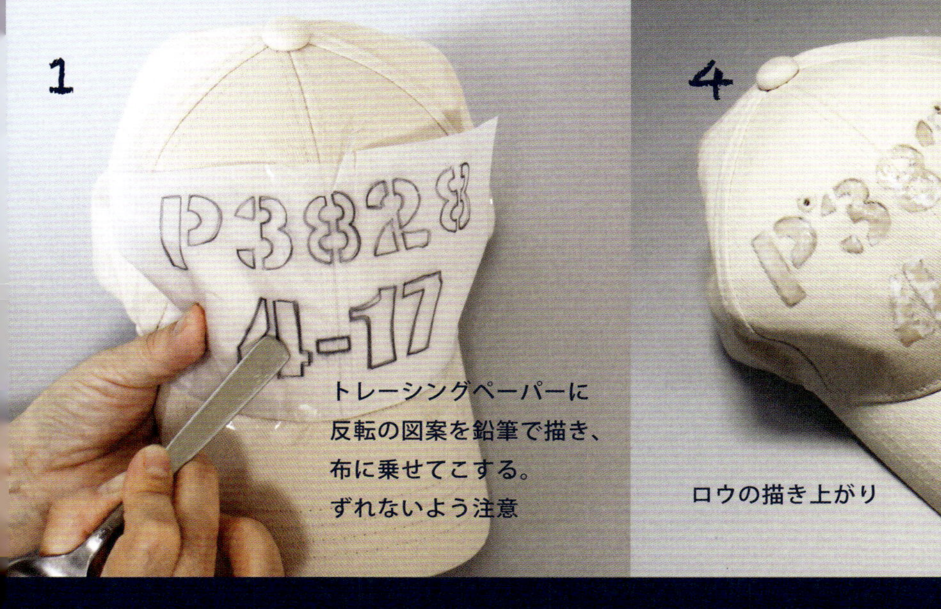

1
トレーシングペーパーに
反転の図案を鉛筆で描き、
布に乗せてこする。
ずれないよう注意

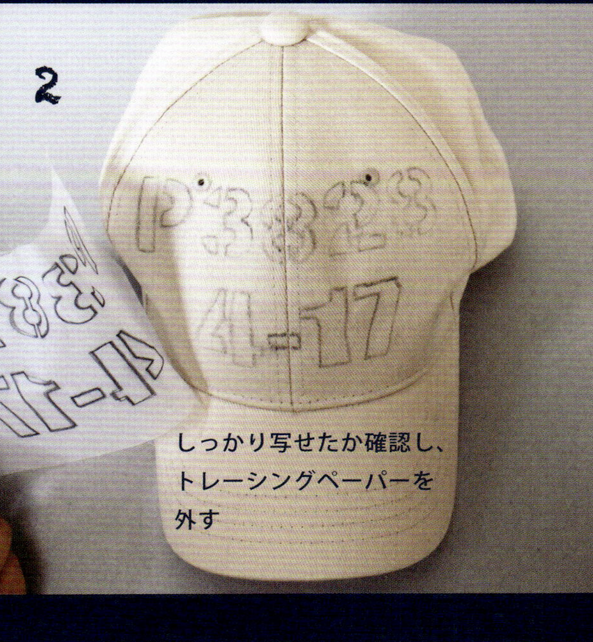

2
しっかり写せたか確認し、
トレーシングペーパーを
外す

3
ロウで描く

4
ロウの描き上がり

5
藍液に浸す

6
水洗い、
湯洗いして
干す

かごを染める

藍液に3分浸し、
水中で発色させ、自然乾燥させる。
洗濯ができないので、
雨や水に濡れると
色が出ることがあります。

トートバッグを染める

藍液に3分浸し、
水中で発色させ、
水洗い、湯洗いします。

和紙を染める

水に弱いものは、藍液中で溶けてしまうので、避けましょう。
藍液にそっと３分浸し、水中で発色させ、新聞紙に挟んで
乾かします。洗濯ができないので、水に濡れたりすると色が出てしまうことがあります。

木製品を染める

木製品は、藍液がしみれば
植物繊維の木綿や麻と同様
とてもよく染まります。
水に浸したり、湯洗いすることで
反りやダメージが
あることがあります。

板締め絞りに使用した板です。
藍はかなりしっかり定着するので、
きちんと洗っておけば、
染まった板を再度板締め絞りに
使用してもほとんど大丈夫です。

7章

抜染

クロルライトを使用

柄を白く入れる場合、
藍染した後、
色を抜く＝抜染と、
あらかじめ染料が
浸みないように
ロウ等で防染する
方法があります。
本書では、
抜染にクロルライトを
使います。

撮影環境や印刷により、
実際の色とは
多少異なります。

洗い上がり

文字入りのジージャン

チューブに入れた
クロルライト 糊で
文字を書いています。
p121、p143～145 参照

クロルライトの抜染

材料・用具

クロルライト（藍の抜染剤）

【成分】亜塩素酸ソーダ・水の混合物

藍染した木綿・麻を白く脱色するときに用います。
CMC糊と混ぜて（クロルライト糊）藍染した布に描き、糊が乾かないうちに日に干すと白く脱色します。
金属製のボタンやファスナー等に触れると錆びたり変色するので注意。
ウール、シルク等には使えません。

CMC糊

【成分】カルボキシメチルセルロース

熱湯で溶いて使います。
クロルライトに混ぜ、抜染に適した、粘り気を加えます。

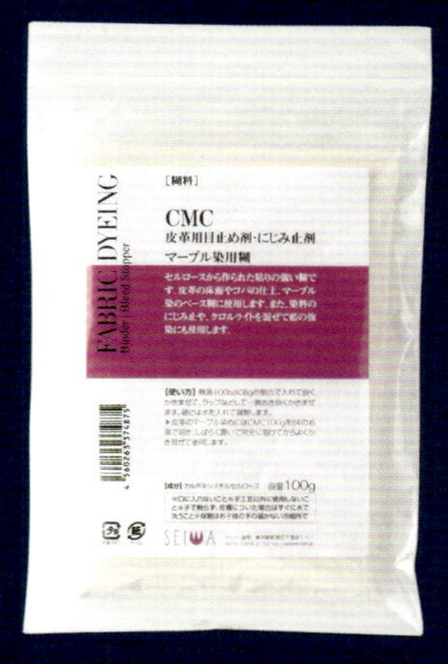

ガラス瓶

CMC糊を溶いたり、クロルライト糊を作る時に使います。熱湯を入れるので耐熱性のものを用意してください。
金属やプラスチック製品は、クロルライトを入れておくと傷むので使わないでください。

注意

作業前に必ず読んでください。
p15「注意」や、薬品・用具の注意書も読んで使用してください。

★溶いたCMC糊とクロルライトを混ぜた糊はその都度使い切って、捨てるときは、水を流しながら捨てください。

★他の薬品と混ぜないでください。

★あらかじめ藍染した布を用意し、すぐに使用してください。

★クロルライトやクロルライト糊を使用した用具やスポンジ等は、すぐに洗ってください。
廃棄するものも洗ってから捨ててください。

★机や床などに付かないように、新聞紙等を敷いておいてください。洋服にも付かないように注意。

★換気をしてください。

★手に付いたらすぐ洗ってください。手に付きそうな作業は、ゴム手袋をしてください。

保存しない

すぐに洗う

傷みます

すぐに洗う

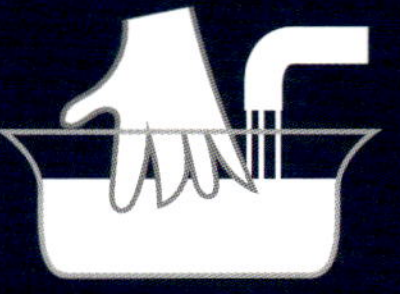

クロルライト糊の作り方と使い方

CMC 糊を溶く

約 100 mℓの糊を作る場合は、CMC 糊を３g 加えます。
１回ごとに使いきります

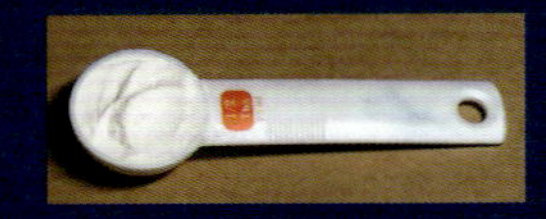

計りがない場合は、
計量スプーン中（7.5 mℓ）１杯で約３g が目安

1 熱湯に CMC 糊を加える

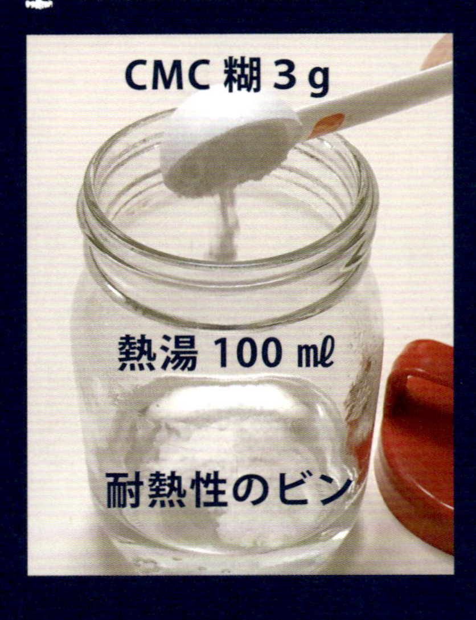

2 割り箸等で混ぜる

3 冷めたら蓋をして一晩おく

クロルライトを混ぜる

1 一晩おいてダマがなく
なった状態

2 クロルライトを加え、
よく混ぜる

★クロルライトを混ぜた糊の
粘度は、端切れに糊を塗って、
水分がにじまない程度に。
固すぎる場合は、少量ずつ水を
足す

★ 水が多すぎる場合、
粘度を増すことは
できないので、注意。
水をたくさん加えると、
抜染力がやや弱くなる

クロルライト糊を布に塗る

クロルライト糊は粘り気が強く、筆では描きにくいので、
容器に入れたり、スポンジを使って描く

★クロルライトは、プラスチックや金属等を
劣化させるので、用具・容器は、
使用後すぐに洗う

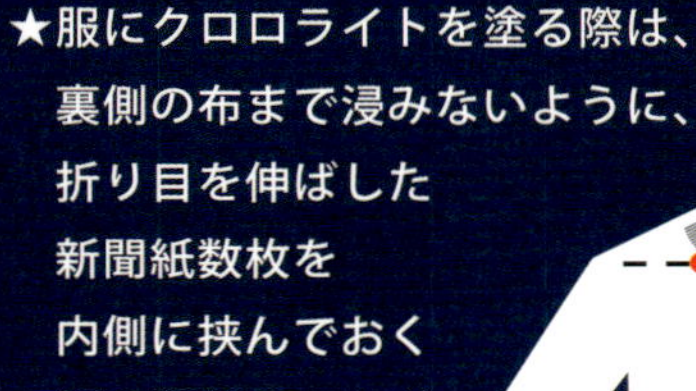

★服にクロロライトを塗る際は、
裏側の布まで浸みないように、
折り目を伸ばした
新聞紙数枚を
内側に挟んでおく
★糊の粘り気で布が
ヨレないように、
布を新聞紙にマチ針で
とめておく

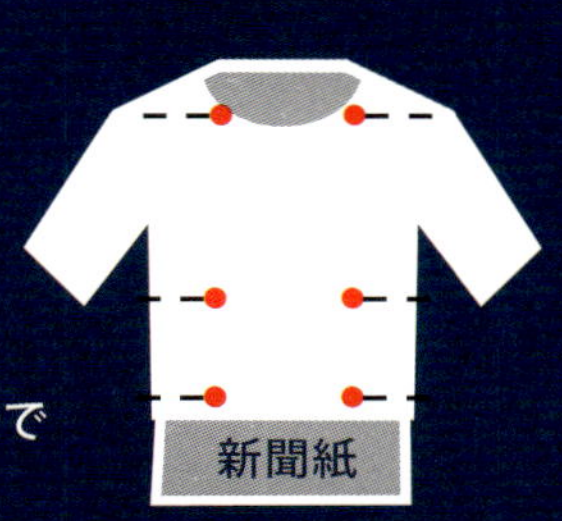

容器に入れて描く

定規等に付ける

スポンジやローラで描く

日光に当て脱色（抜染）

日差しの強さ、気候により脱色するまでの時間が異なる。

★糊が乾かないうちに約３時間程度日光に当てる
★1 時間ほどしたら、色が抜けているか様子をみる
★天気の良い午前中が良い。湿度が高いと、
描いた柄が滲んでしまうことがある

★日光に当てすぎたり長時間放置すると
布が傷んだり、黄色く変色することがある。
日差しの強い時期や脱色をさらに進めたい
場合は注意する

糊が濡れている状態

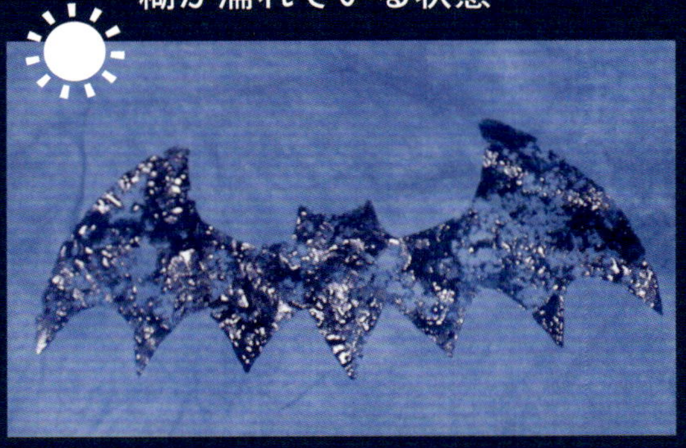

脱色された状態

脱色後のクロルライト糊を洗う

そのまま放置すると布が傷むので注意。
脱色後すぐに流水で洗い、完全に糊を落としてから湯洗いする。
（湯沸し器の湯　約 70 度に３分間浸してからよく洗う）

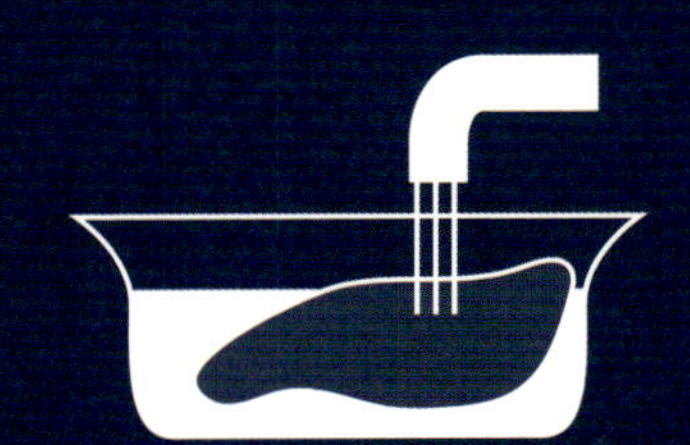

糊を垂らす

クロルライト糊を垂らすと、
手では描けない面白い模様が描けます。
p143〜145 参照

1 クロルライト糊をチューブに入れる

2 藍染しておいた布をハンガーに掛け、
裾にクロルライト糊を垂らす。
下に新聞紙を敷いておく

3 糊が乾く前に、日光に当てる。
脱色後すぐに流水で洗い、完全に糊を落とし、
湯洗いをする

外に干す場合は、風を受けたりして布が
重ならないよう安全ピン等を裾に付け、
重しを結びつける。
布がひるがえらないように固定する

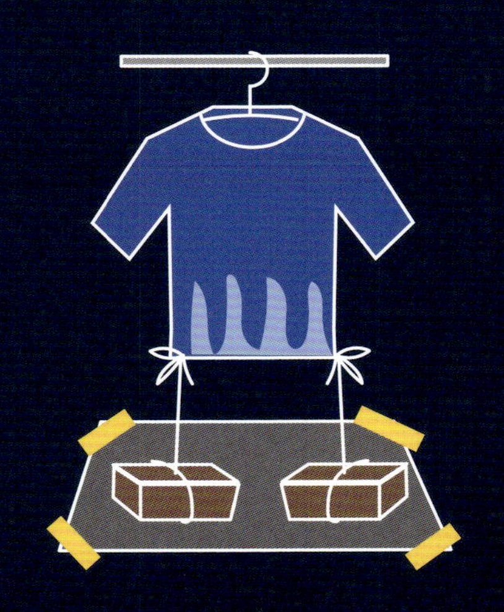

周囲の物をクロルライト糊で汚さないよう、
干す場所には気を付ける。クロルライトが垂れても
大丈夫なように新聞紙等を敷いておく

ローラーを使う

ローラーのかすれが魅力の
大雑把な柄です。
柄ものを藍染した布は
柄の色も微妙に抜けるのも
面白いです。
p143～145 参照

新聞紙にシャツを広げ、布が
よれないように端を
ピンで止める。紙皿にクロル
ライト糊を出し、まんべんなく
ローラーに付ける。新聞紙で
試し描きしてから、布に描く。

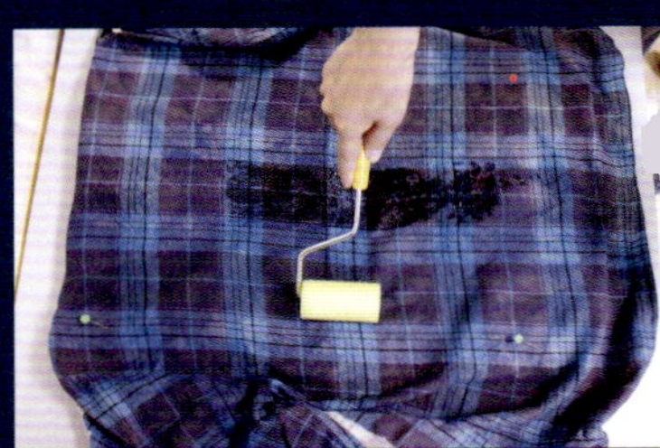

糊が乾く前に、日光に当てる。
脱色後すぐに流水で洗い、
完全に糊を落とし、
湯洗いをする

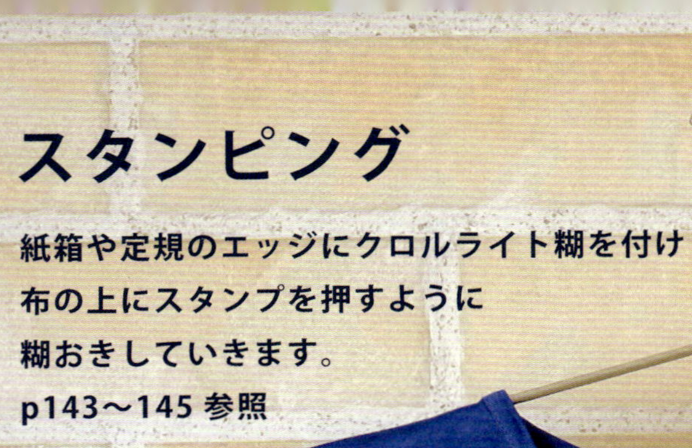

スタンピング

紙箱や定規のエッジにクロルライト糊を付け
布の上にスタンプを押すように
糊おきしていきます。
p143〜145 参照

1 クロルライト糊を紙皿にとり紙箱や定規のコバに付ける

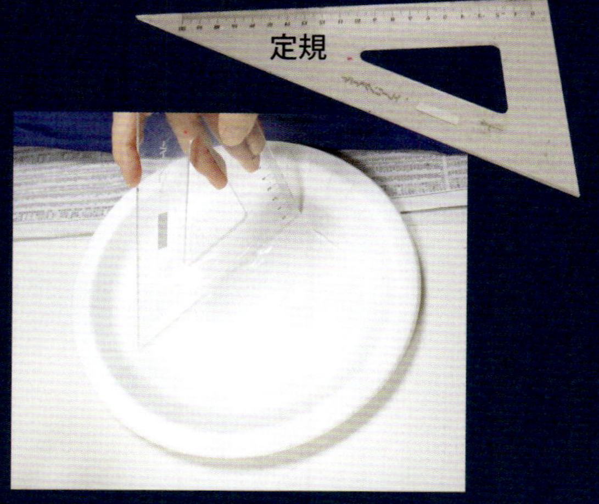

2 藍染した布にスタンピングする

3

糊が乾く前に、日光に当てる。
脱色後すぐに流水で洗い、
完全に糊を落とし、
湯洗いをする

マスキング＋スポンジ

カッティングシート
（裏に粘着剤のついたシート）で
布にマスキングして、
スポンジでステンシルします。
クロルライト糊が手に付かないよう注意。

1 柄を切り抜いたカッティングシートを貼る。
シートの切り抜き方は、p156

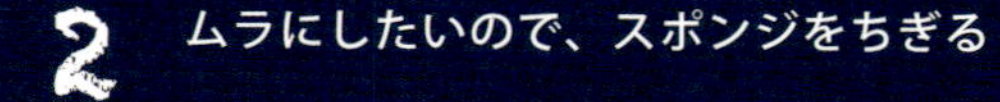

2 ムラにしたいので、スポンジをちぎる

3 クロルライト糊を付けてたたく。
糊が手に付いたら、すぐに洗い落とす

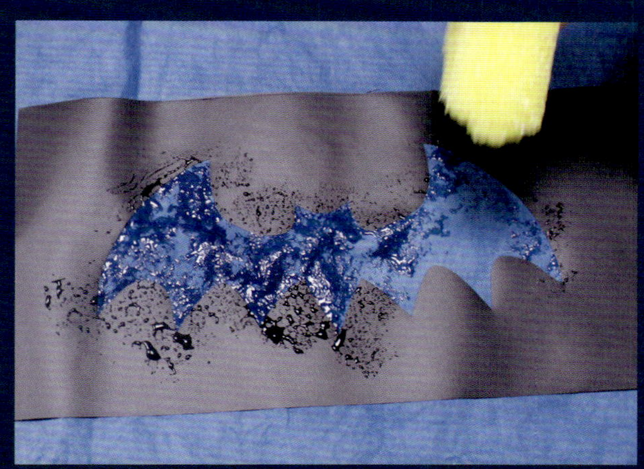

4 クロルライト糊が濡れている状態で、
カッティングシートをゆっくり剥がす

シートは、一度に作業できる場合のみ使い回し可。
接着面にクロルライト糊が入り込んでいないか確認。
シートの保存はできない

5 糊が乾く前に、日光に当てる。
脱色後すぐに流水で洗い、
完全に糊を落とし、
湯洗いをする

シルクスクリーンで抜染したシャツ

凹凸のある布でも安定して
柄が入れられる方法です。

p143～145
p156 参照

シャツを濃淡２色に藍染。
クロルライト糊で脱色。
p143～145
p156 参照

シャツに藍染。
カッティングシートで
鹿を切り抜きシャツに貼る

目や模様を貼る

シルク版を乗せ、
クロルライト糊で脱色。
p143～145p156 参照

シルクスクリーンの材料・用具

カッティングシート
（裏に粘着剤のついたシート）

カッターナイフ、カッターマット

シルクスクリーンの版
メッシュを貼ってある側（下になる側）
に版を浮かせるために厚紙等を貼っておく

ここにメッシュが
貼ってあります

スキージ
糊を広げるための
用具

シルクスクリーンを使う

1 図案を貼って切り抜く

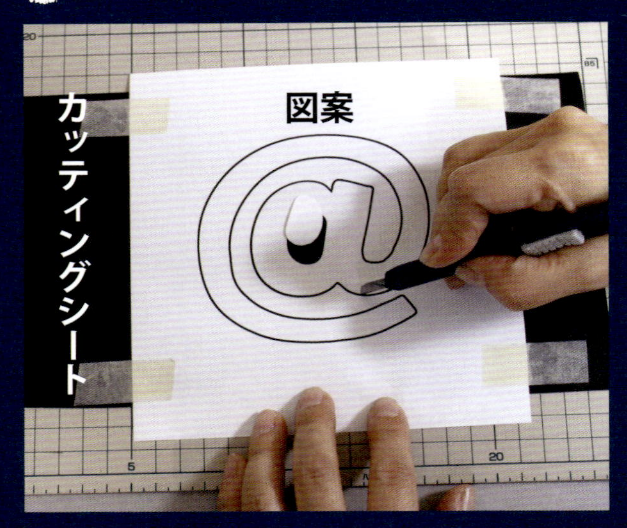

2 剥離紙を剥がす

切り抜き上がり

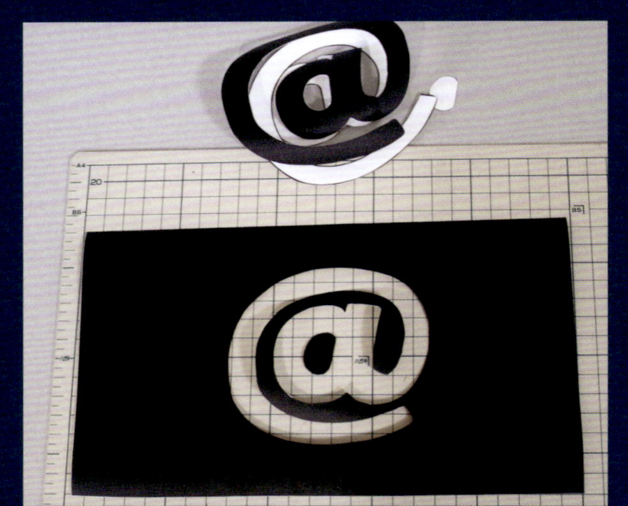

3 そのまま布に貼る

4 カッティングシートの周囲に
紙をマスキングテープで貼っておく

5 版をメッシュを貼った側を下にして乗せる。
片側にクロルライト糊をおく

6 版を押さえながら、スキージでメッシュをこするように
して、カッティングシートの切り抜いた箇所に糊を
乗せる。糊がしっかり付くよう2回乗せる

7 版を外したところ

8 糊が乾く前に、日光に当てる。
脱色後すぐに流水で洗い、完全に糊を
落とし、湯洗いをする

使用した版やスキージ等の用具はすぐに洗う。
カッティングシートは、1回使い切り

マスキングして脱色

柄を切り抜いたカッティングシートを
藍染した布に貼り、
チューブや筆でクロルライト糊を
塗る。p143〜145 参照
シートの切り抜き方は、
p156

1 図案を切り抜いたカッティングートを布に貼る

2 クロルライト糊を、チューブに入れたり
筆に含ませてカッティングシートの上に塗る

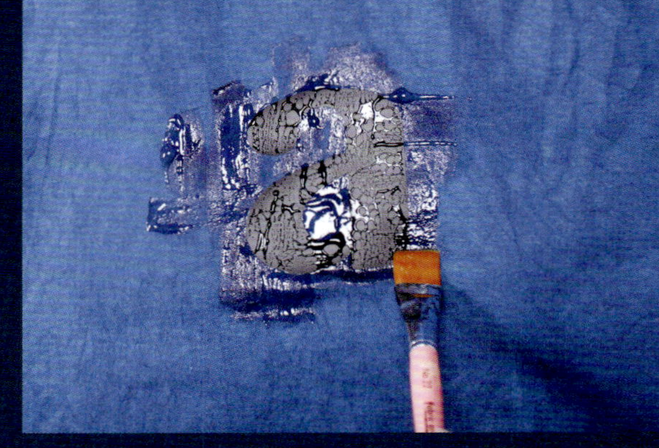

3 布にクロルライト糊がなじんだら、
カッティングシートを剥がす。
糊が乾く前に日光に当てる。
脱色後すぐに流水で洗い、完全に糊を落とし、
湯洗いをする
★カッティングシートは、1回使い切り

8章 防染

メルトロンを用いたろうけつ染め

ロウで描いた部分は
染液がしみないので、
白く残ります。

スパタ模様のＴシャツ

p164 参照

撮影環境や印刷により、実際の色とは多少異なります。p15「注意」も読んでおいてください。

ロウ（メルトロン）の防染

材料・用具

メルトロン（湯溶性ロウ）

【成分】パラフィンワックス・界面活性剤
融点は 70 度。比較的やわらかいロウです。
木綿・麻の藍染の
防染に最適のロウで、
他のロウに比べて
防染力が弱いので、
二度塗りしてしっかりと
被膜を作ります。
染色後の布は、
湯で洗うことで
ロウが乳化し、
洗い落とせます。

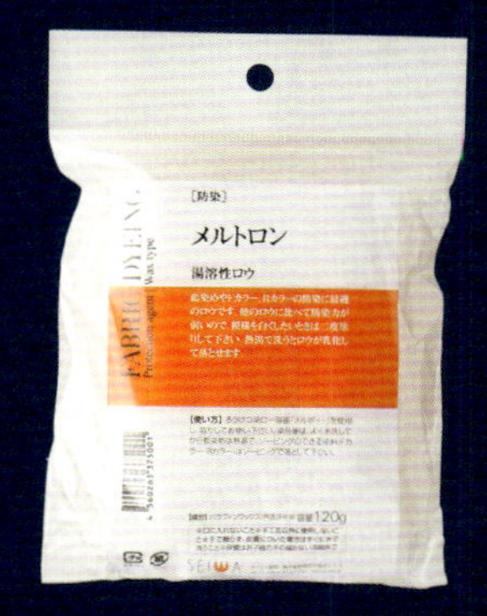

メルポット（自動温度調節機能付ロー溶器）

ロウを溶かすのに使用します。
設定温度は 70 ～ 180 度までで、
ロウの種類に合わせて温度設定ができます。

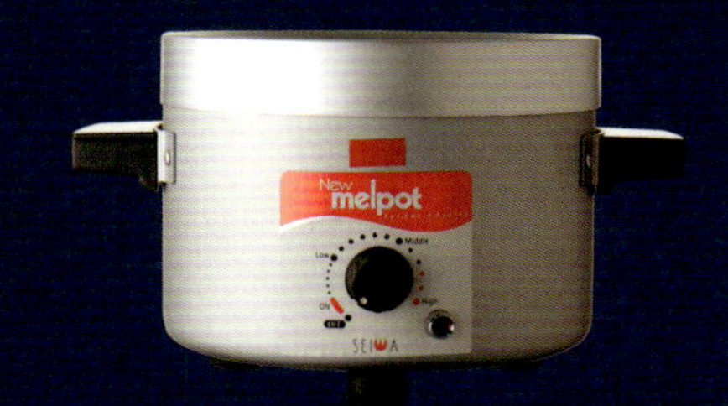

筆

動物の毛のもの。化学繊維のものは使わない。
使い終わったら、ロウが冷える前に形を整えてから
冷ましておきます。

青花ペン

図案を描くのに使います。

ロウを溶かす

メルポットの使用上の注意書も読んで使用してください。
通電中は特に、充分に注意してください。必ず、換気をしてください。

1
ロウを適当な大きさに折って
メルポットに入れる。
ポットの電源を入れる

2
ロウが低温の状態で筆を入れ、
筆の毛を温度になじませる

3
ロウから湯気が立ってきたら一旦
温度を下げて、描き始める。
湯気が立つような高温のまま
使用し続けないこと

ロウで描く、染める、ロウを落とす

ロウで描く

ロウの温度は室温の影響を受けやすく、
浸透の仕方は生地の厚さや織りで変わります。

同じ布のハギレで試し描きしながら描き進める

温度が低い、布にしみない

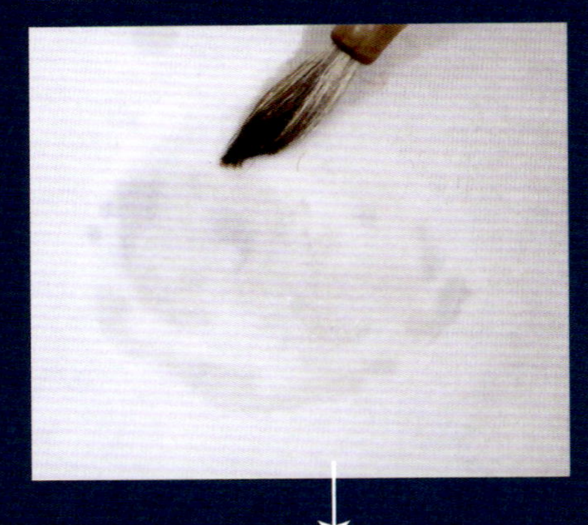

適正温度、ロウが布にしみる

適正温度のロウを
表側から描き、
ロウが固まってから、
再度ロウの上を
なぞるように描く

ロウがしみていない
場合には
裏側からなぞる

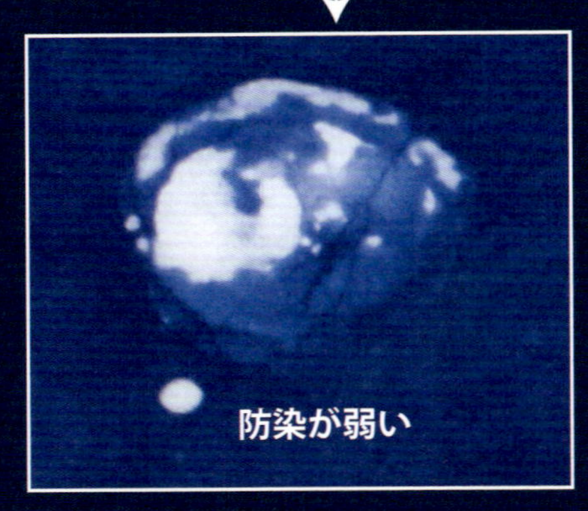

綺麗に白が残る

★ロウは端から徐々に途切れなく
塗り進める。途中途切れるとロウが
冷えて筋がでることがある

★ロウは、温度が高すぎると、
滲んで広がり、綺麗に描けない

★クラッキングしたい場合は、
ロウを厚めに塗るとヒビが入りやすい

★室温が高い場合、ロウが柔らかくなり、
ヒビやスクラッチングした線が曖昧になることがある

★服にロウを塗る際は、
裏側の布までしみないように、
新聞紙を内側に
挟んでおく

染める

藍液中でも、布を揉むとクラックが入るので気をつける。

1 ロウで描いた後、ロウが冷めてから作業を始める。
ロウが剥がれたり割れが進んだりたりしないように、
そっと水に浸し水を含ませる

2 藍液に入れる。３分間藍液に浸す。
藍液は、ロウが溶けないよう低温が好ましい

3 水洗いして発色させる。
ロウ片が多く浮く場合は、水切りゴミ袋に注いで、
細かいロウをしっかりすくう。
藍液に浮いて残ったロウの破片は、次に染める布の
まだらの原因になるので、細かな網ですくっておく

ロウを落とす

4 湯沸し器の湯　約 70 度に入れて洗う。
湯洗いではロウも溶けるので、菜箸等で攪拌
すると洗い液が白濁する。
ロウが落ちにくい場合は、湯の温度を上げる。
湯を冷ますと、表面にロウが浮いてくる。
大きめのロウはすくって燃えるゴミとして捨てる。
その後、使用した湯や水を家庭用の網の細かい
水切りゴミ袋に注いで、
細かいロウをしっかりすくう

5 湯洗いの後（藍とロウが落ちたら）、
そのまま湯に 3 分程浸しておく
★水に溶けているロウ分は、家庭の油汚れと
同じく下水に流せば処理場で分離します。

ぬるま湯でしっかりと洗う

使い終わった用具

容器は、台所洗剤をスポンジに付け、
湯沸かし器の湯で洗えば落とせます。

スパッタリング

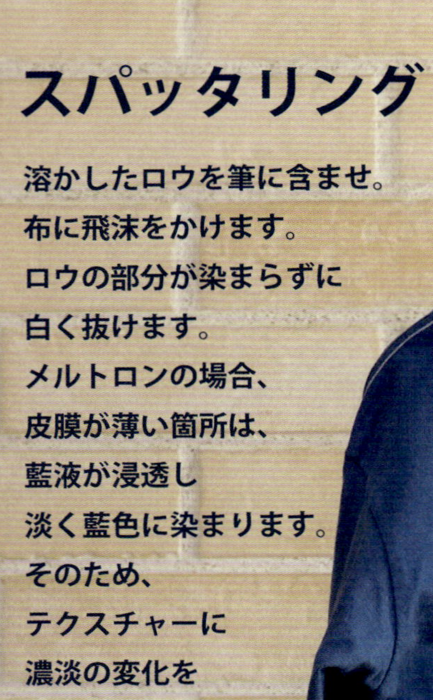

溶かしたロウを筆に含ませ。
布に飛沫をかけます。
ロウの部分が染まらずに
白く抜けます。
メルトロンの場合、
皮膜が薄い箇所は、
藍液が浸透し
淡く藍色に染まります。
そのため、
テクスチャーに
濃淡の変化を
つけられるのが
魅力です。
p161～163 参照

スパッタリングの仕方

スパタ模様を描く時のロウの温度は、
柄を描く時より少し高温にする。

太めの筆にロウをたっぷりと付けて、
振り下ろすようにしてしぶきを散らす。

ロウが手などに付かないように注意

マスキングする

新聞紙の上にTシャツを広げる。
シャツの裏側まで、
ロウがしみ込まないように、
新聞紙を差し込んでおく。
ロウを付けたくない所は、
新聞紙を被せ、
マスキングテープでとめてから、
スパターを描く

マスキングを
外したところ

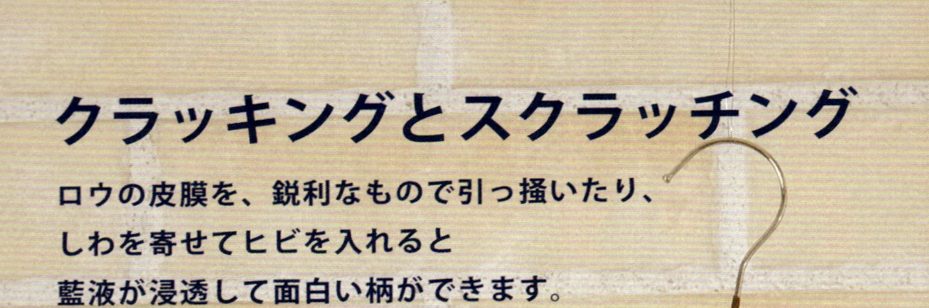

クラッキングとスクラッチング

ロウの皮膜を、鋭利なもので引っ掻いたり、
しわを寄せてヒビを入れると
藍液が浸透して面白い柄ができます。
p161〜163 参照

ロウで描く

1 青花ペン等で図案を描く

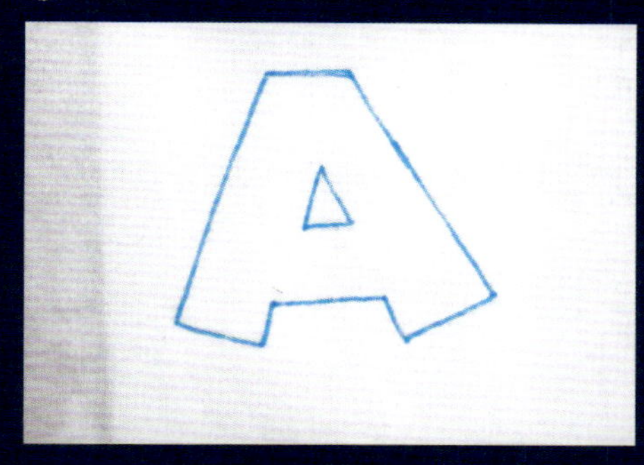

2 ロウを筆に含ませる。
図案の輪郭線をなぞり、内側を塗りつぶす。
厚めに２度塗りする

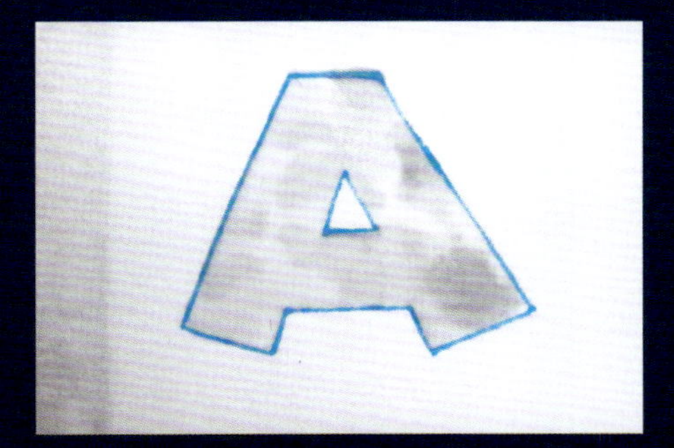

ロウが冷えたら テクスチャーを入れる

スクラッチング

鉄筆やインクの出なくなったボールペン等
先の尖ったものでロウを削りながら描く。
布を傷つけないよう注意

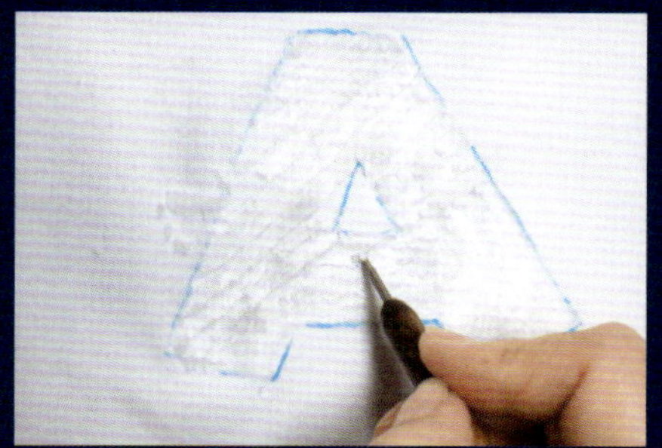

クラッキング

ロウを描いた箇所を折るようにしてヒビを
入れる。揉みすぎるとロウが剥がれて
しまうことがあるので注意

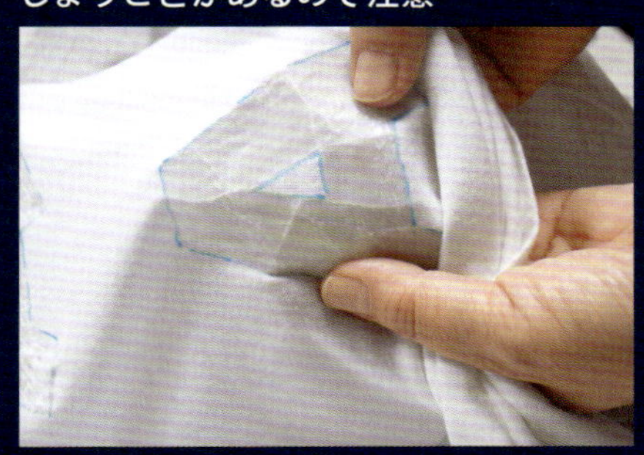

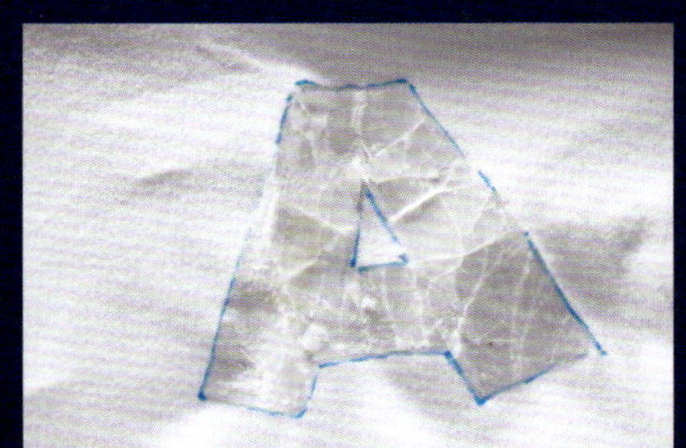

スクラッチングのバリエーション

p161〜163、167 参照

矢印を
スクラッチング

バツ
スクラッチングと
クラッキングを
あわせたもの

食器の柄を
スクラッチング

文字に
斜線を
スクラッチング

ロウ描き文字のコート

目立たない箇所かハギレで、
ロウの浸透具合、
藍の浸透、発色を
確認してください。
p161〜163 参照

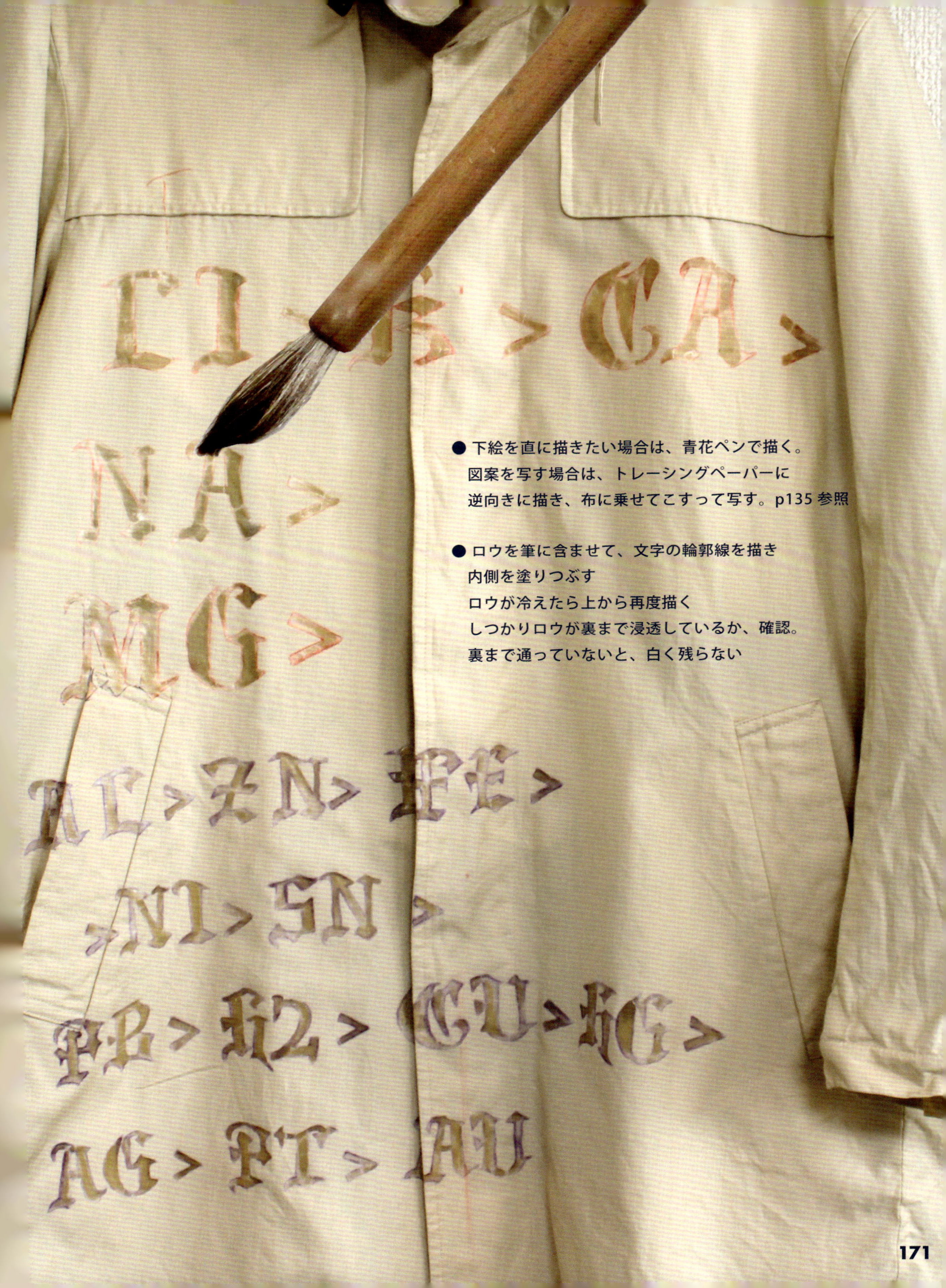

● 下絵を直に描きたい場合は、青花ペンで描く。
図案を写す場合は、トレーシングペーパーに
逆向きに描き、布に乗せてこすって写す。p135 参照

● ロウを筆に含ませて、文字の輪郭線を描き
内側を塗りつぶす
ロウが冷えたら上から再度描く
しっかりロウが裏まで浸透しているか、確認。
裏まで通っていないと、白く残らない

ロウ描きの垂れ幕

あまりクラックが入らないように
そっと藍液に浸しています。
p161～163、167 参照

ロウ描きの
スカート

スカートの反対側にロウが
しみてしまわないように
新聞紙を挟んでおきましょう。
裾に円をロウでしっかり描いて
冷めてからクラックを
入れています。
p161〜163、167 参照

ロウ描きのＴシャツ

p161～163、p171 参照

「紺屋藍のおかげで、
こんなに面白い染色作品と
こんなに美しい本が作れて
嬉しいです」

辻岡ピギー

JAPAN BLUE 藍染ガイドブック

辻岡ピギー・六角久子：ピポン ＋ SEIWA

ピポン　**ピポン有限会社　sigma-pig.com**

がなはようこ・辻岡ピギー・六角久子のアート作品制作のユニットです。
染織、イラスト、オブジェ制作、ブックデザイン、商品プランニング、
ディスプレイ等、多岐においてオリジナリティあふれる、ユニークな
活動と提案を展開しています。
グラフィック社・文化出版局・角川書店他より、著書多数。
ホームページをぜひご覧ください

辻岡ピギー
染色アーティスト　藍染だけでなく様々な染色やペインティング、
ステンシル作品を制作。「平らなワンコ服」というオリジナル犬服本も好評。

六角久子
染織作家。特に織りの分野で、立体がそのまま織れる作品等
面白い発想で製作中。

SEIWA　**株式会社 誠和**

染色とレザークラフトの素材販売、薬品・技法開発の老舗メーカーです。
アート、クラフトの方達向けのスクールやワークショップも開講しています。
昭和 14 年創業より染料、化学工業薬品の販売を目的として創業しました。
昭和 21 年、高田馬場に店舗を新築し、誠和加工株式会社を設立。
染料・助剤・薬品の開発に取り組み、染色工芸材料の開発・販売を行って
きました。染色の楽しさ、美しさを一人でも多くの方に広めたいと、
昭和 29 年一般の方傾けのクラフト教室がまだ存在していない頃から、
工芸作家の先生を講師に向かえ、誠和染色教室の開設をしました。
レザークラフトにおいても日本のレザークラフト・革工芸の黎明期である
昭和 30 年代にクラフト作家の協力を得て教室を開講。
ゴローズの高橋吾郎さんとその一派の方々も講師として教えていた
時代があります。染色、レザークラフトに於いて、日本で唯一の歴史と
伝統・実績を持つ会社です。

本書の、染料・薬品・用具等と使用法についてのお問い合わせは、
seiwa-net.jp

Staff

アートディレクション・ブックデザイン：がなはようこ
作品撮影：池田ただし／プロセス撮影：辻岡ピギー
制作協力：辻岡進・小林光枝・山里功子
編集：山本尚子

2019年10月25日　　初版第1版発行

著　者　　辻岡ピギー・六角久子：ピポン ＋ SEIWA

発行者　　長瀬聡
発行所　　〒102-0073　東京都千代田区九段北1-14-17
　　　　　Tel. 03-3263-4318　　Fax. 03-3263-5297
　　　　　http://www.graphicsha.co.jp
　　　　　振替　00130-6-114345
印刷製本　図書印刷株式会社

ISBN978-4-7661-3028-7　C2076
Printed in Japan

【注意】

- 染色には、様々な薬品や用具を使用します。薬品や用具の使用は、危険が伴うことがあることを認識してください。
- 染料は、布だけではなく室内や家具、設備、備品等も染まります。
  薬品は、室内や家具、設備、備品等を傷める場合があります。
- 作業にあたっては、本書に掲載の内容についても、安全かどうか、問題が起こらないかどうかの確認は、必ずあなたご自身が、自己責任において行ってください。
- 制作にあたって生じた損害について著者および弊社は一切の責任を負いません。

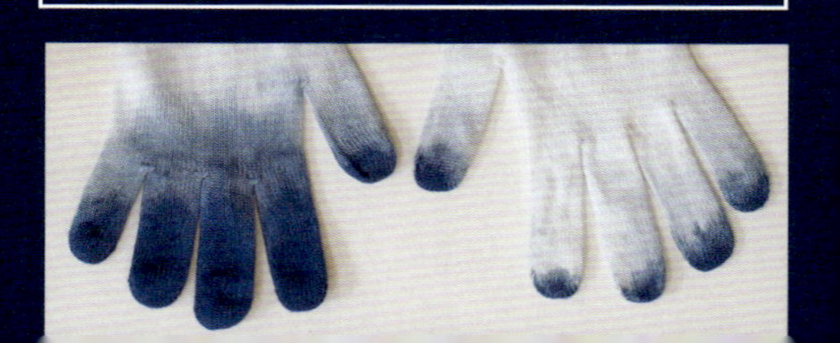